Nadja Hermann

ERZAEHLMIRNIX

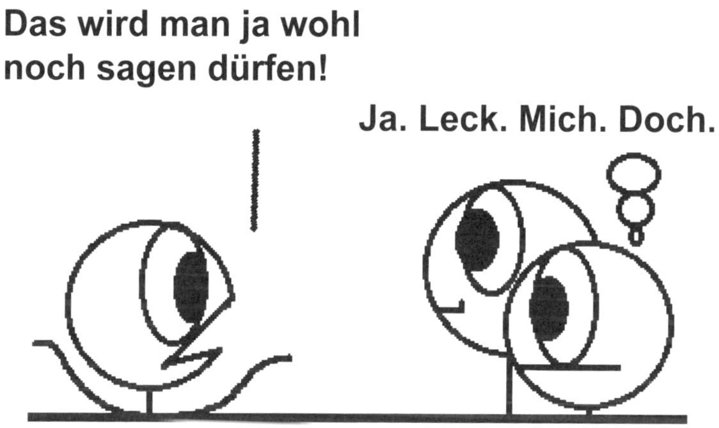

riva

Bibliografische Information der Deutschen Nationalbibliothek
Die Deutsche Nationalbibliothek verzeichnet diese Publikation in der Deutschen Nationalbibliografie. Detaillierte bibliografische Daten sind im Internet über http://dnb.d-nb.de abrufbar.

Für Fragen und Anregungen
info@rivaverlag.de

Originalausgabe
1. Auflage 2021

Türkenstraße 89
80799 München
Tel.: 089 651285-0
Fax: 089 652096

*S. 118: www.svss-uspda.ch/biologie/ (abgerufen am 28.6.2021)

Redaktion: Mirka Uhrmacher
Satz: Achim Münster, Overath
Druck: Florjancic Tisk d.o.o., Slowenien
Printed in the EU

ISBN Print 978-3-96775-050-8
ISBN E-Book (PDF) 978-3-96775-051-5
ISBN E-Book (EPUB, Mobi) 978-3-96775-052-2

INHALT

VORWORT

WIE ALLES BEGANN

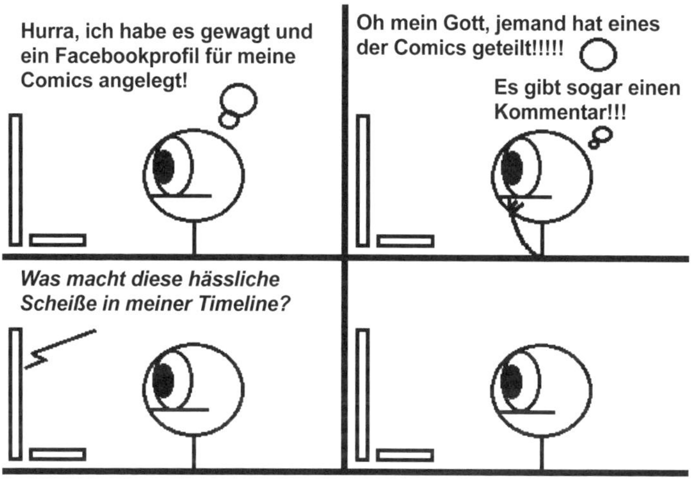

WO SIND WIR JETZT?

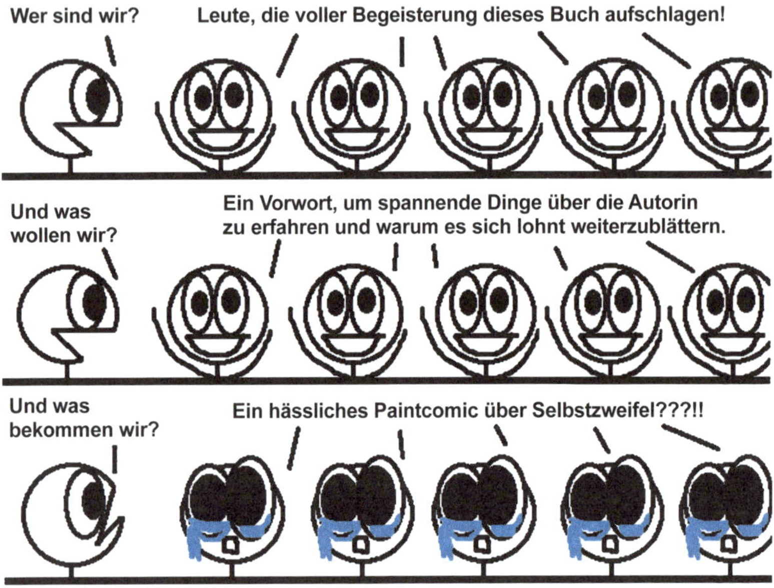

WER IST NADJA HERMANN?

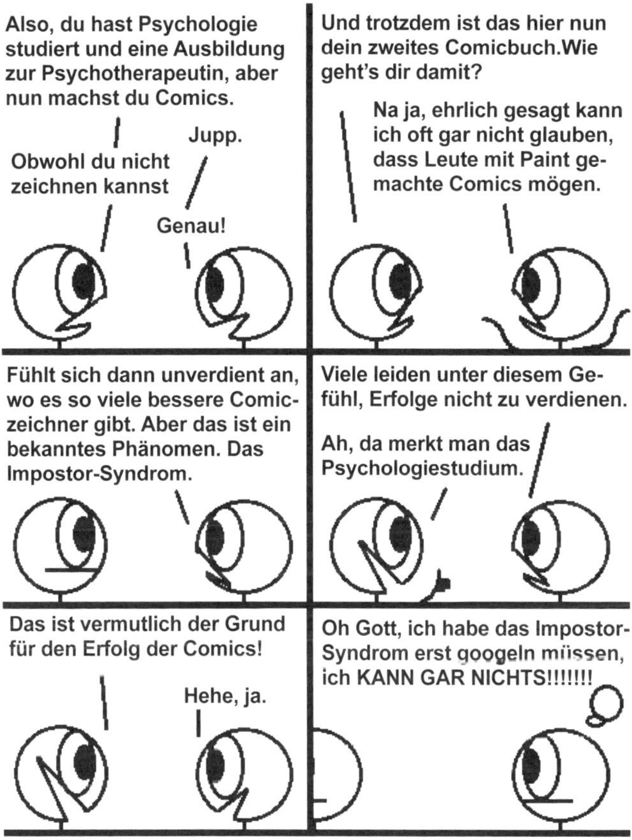

Kapitel 1

MENSCHEN

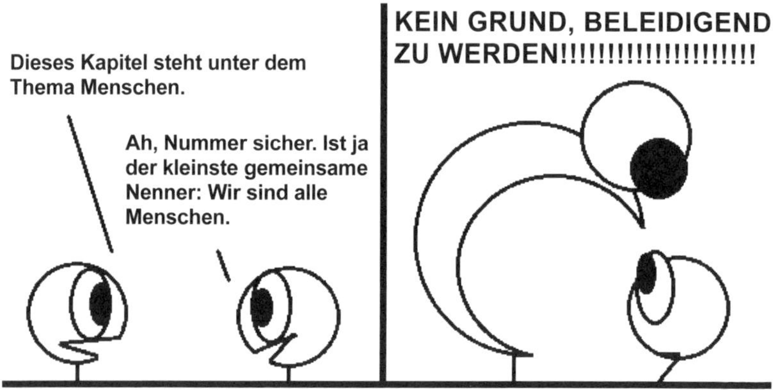

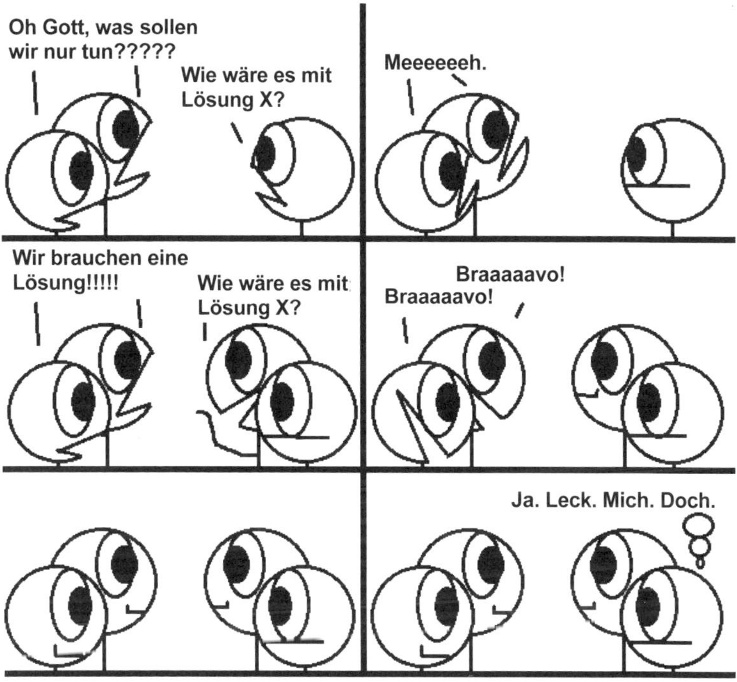
Oh Gott, was sollen wir nur tun?????
Wie wäre es mit Lösung X?
Meeeeeeh.
Wir brauchen eine Lösung!!!!!
Wie wäre es mit Lösung X?
Braaaaavo!
Braaaaavo!
Ja. Leck. Mich. Doch.

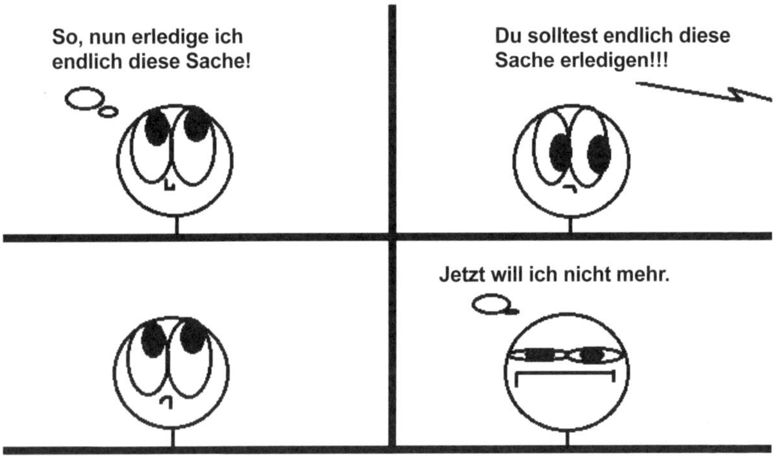

So, nun erledige ich endlich diese Sache!
Du solltest endlich diese Sache erledigen!!!
Jetzt will ich nicht mehr.

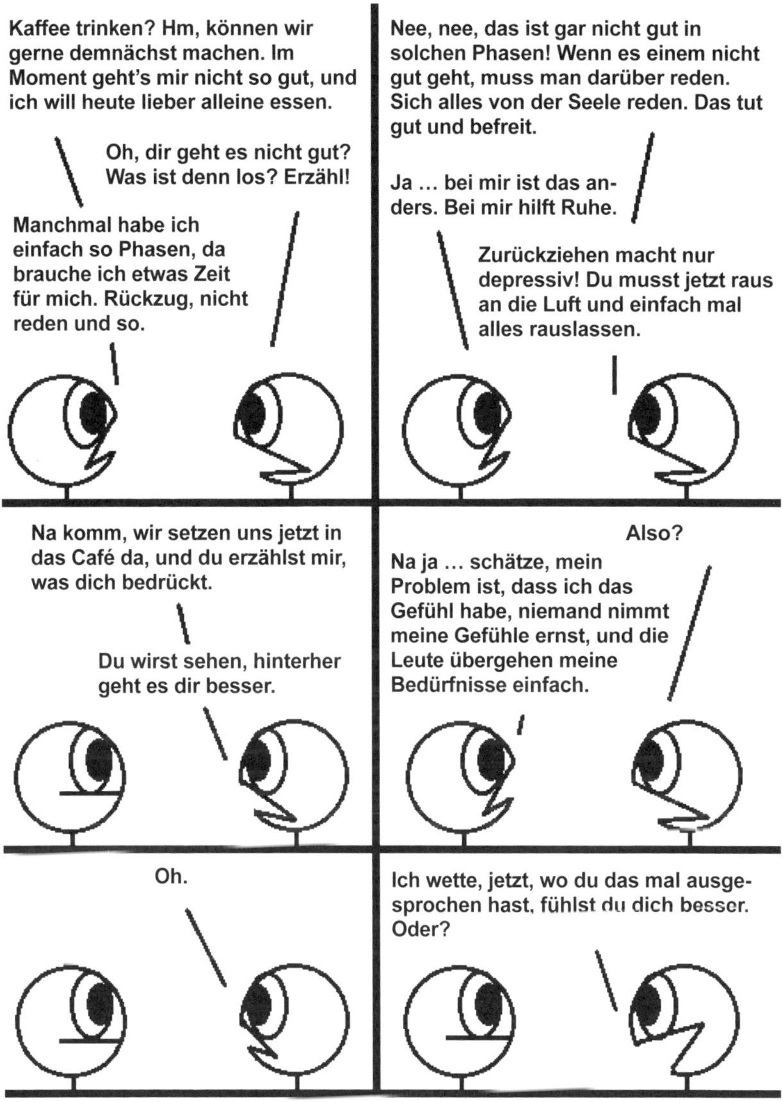
Kaffee trinken? Hm, können wir gerne demnächst machen. Im Moment geht's mir nicht so gut, und ich will heute lieber alleine essen.
Oh, dir geht es nicht gut? Was ist denn los? Erzähl!
Manchmal habe ich einfach so Phasen, da brauche ich etwas Zeit für mich. Rückzug, nicht reden und so.
Nee, nee, das ist gar nicht gut in solchen Phasen! Wenn es einem nicht gut geht, muss man darüber reden. Sich alles von der Seele reden. Das tut gut und befreit.
Ja … bei mir ist das anders. Bei mir hilft Ruhe.
Zurückziehen macht nur depressiv! Du musst jetzt raus an die Luft und einfach mal alles rauslassen.
Na komm, wir setzen uns jetzt in das Café da, und du erzählst mir, was dich bedrückt.
Du wirst sehen, hinterher geht es dir besser.
Also?
Na ja … schätze, mein Problem ist, dass ich das Gefühl habe, niemand nimmt meine Gefühle ernst, und die Leute übergehen meine Bedürfnisse einfach.
Oh.
Ich wette, jetzt, wo du das mal ausgesprochen hast, fühlst du dich besser. Oder?

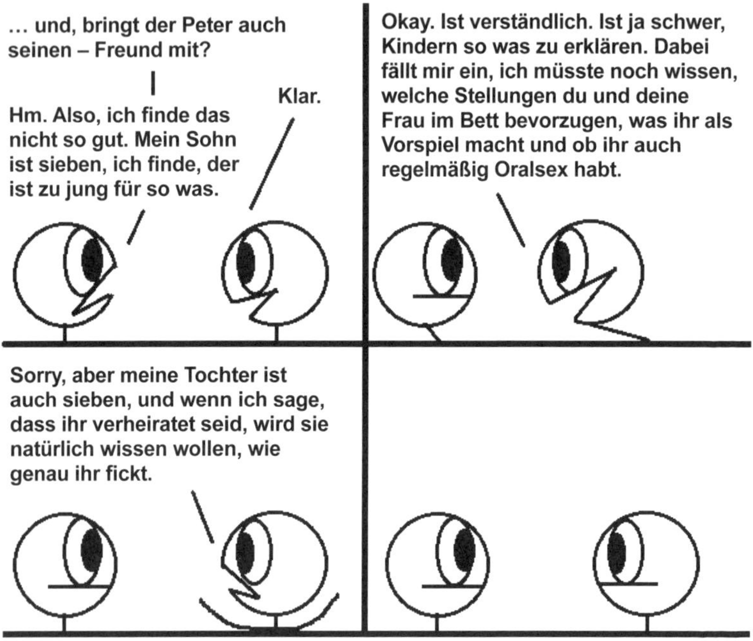
… und, bringt der Peter auch seinen – Freund mit?
Hm. Also, ich finde das nicht so gut. Mein Sohn ist sieben, ich finde, der ist zu jung für so was.
Klar.
Okay. Ist verständlich. Ist ja schwer, Kindern so was zu erklären. Dabei fällt mir ein, ich müsste noch wissen, welche Stellungen du und deine Frau im Bett bevorzugen, was ihr als Vorspiel macht und ob ihr auch regelmäßig Oralsex habt.
Sorry, aber meine Tochter ist auch sieben, und wenn ich sage, dass ihr verheiratet seid, wird sie natürlich wissen wollen, wie genau ihr fickt.

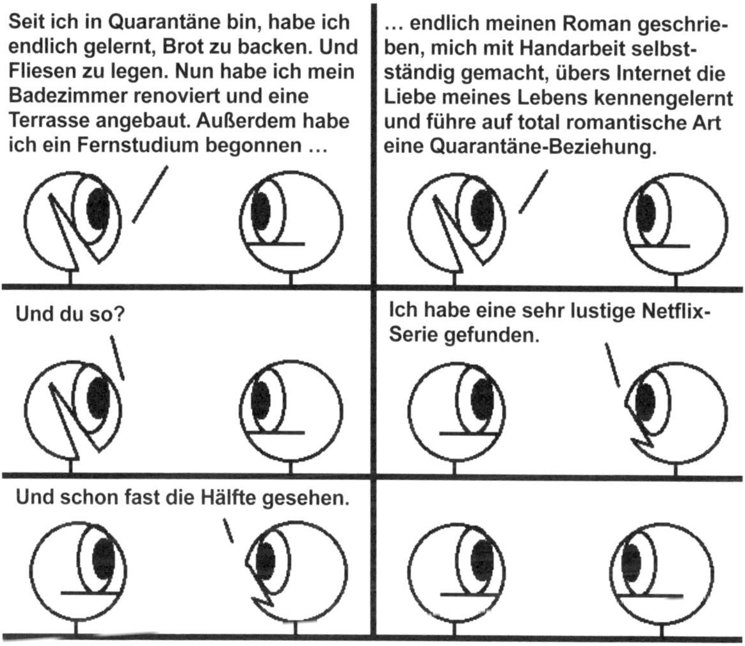
Seit ich in Quarantäne bin, habe ich endlich gelernt, Brot zu backen. Und Fliesen zu legen. Nun habe ich mein Badezimmer renoviert und eine Terrasse angebaut. Außerdem habe ich ein Fernstudium begonnen …
… endlich meinen Roman geschrieben, mich mit Handarbeit selbstständig gemacht, übers Internet die Liebe meines Lebens kennengelernt und führe auf total romantische Art eine Quarantäne-Beziehung.
Und du so?
Ich habe eine sehr lustige Netflix-Serie gefunden.
Und schon fast die Hälfte gesehen.

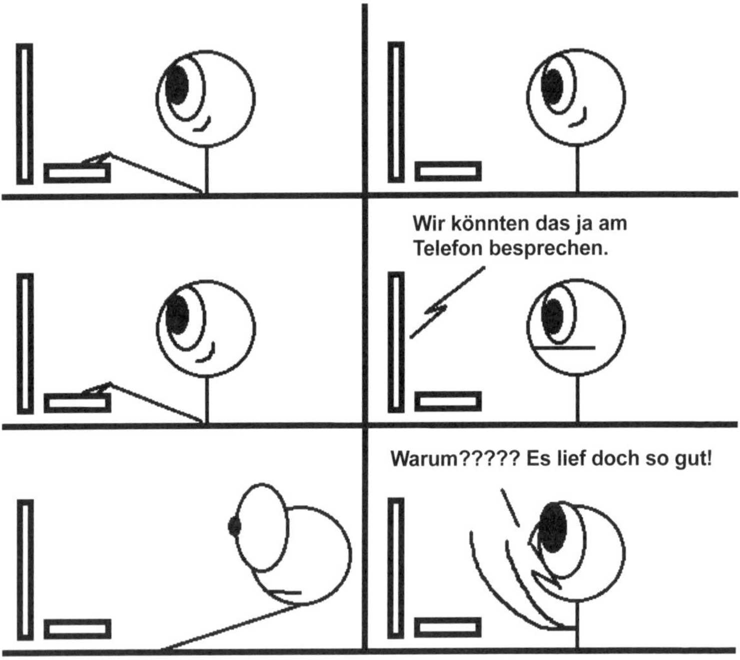
Wir könnten das ja am
Telefon besprechen.
Warum????? Es lief doch so gut!

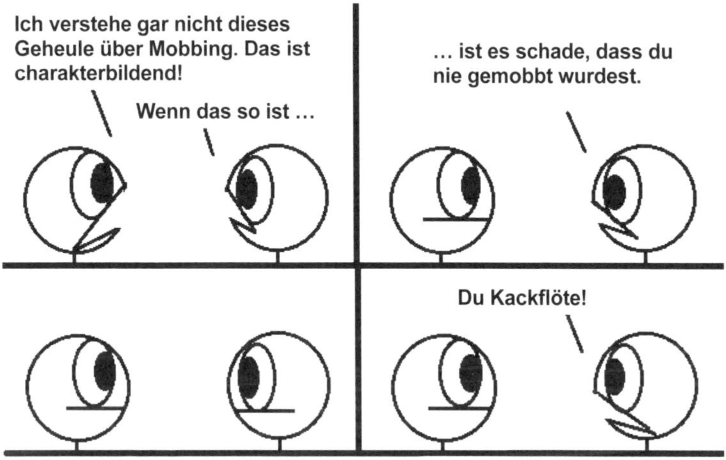
Ich verstehe gar nicht dieses Geheule über Mobbing. Das ist charakterbildend!
Wenn das so ist …
… ist es schade, dass du nie gemobbt wurdest.
Du Kackflöte!

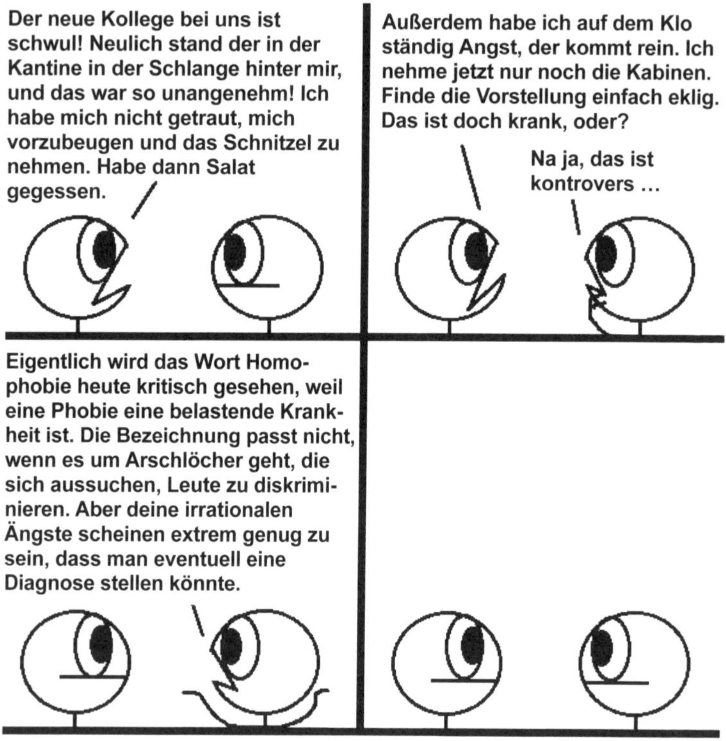
Der neue Kollege bei uns ist schwul! Neulich stand der in der Kantine in der Schlange hinter mir, und das war so unangenehm! Ich habe mich nicht getraut, mich vorzubeugen und das Schnitzel zu nehmen. Habe dann Salat gegessen.
Außerdem habe ich auf dem Klo ständig Angst, der kommt rein. Ich nehme jetzt nur noch die Kabinen. Finde die Vorstellung einfach eklig. Das ist doch krank, oder?
Na ja, das ist kontrovers …
Eigentlich wird das Wort Homophobie heute kritisch gesehen, weil eine Phobie eine belastende Krankheit ist. Die Bezeichnung passt nicht, wenn es um Arschlöcher geht, die sich aussuchen, Leute zu diskriminieren. Aber deine irrationalen Ängste scheinen extrem genug zu sein, dass man eventuell eine Diagnose stellen könnte.

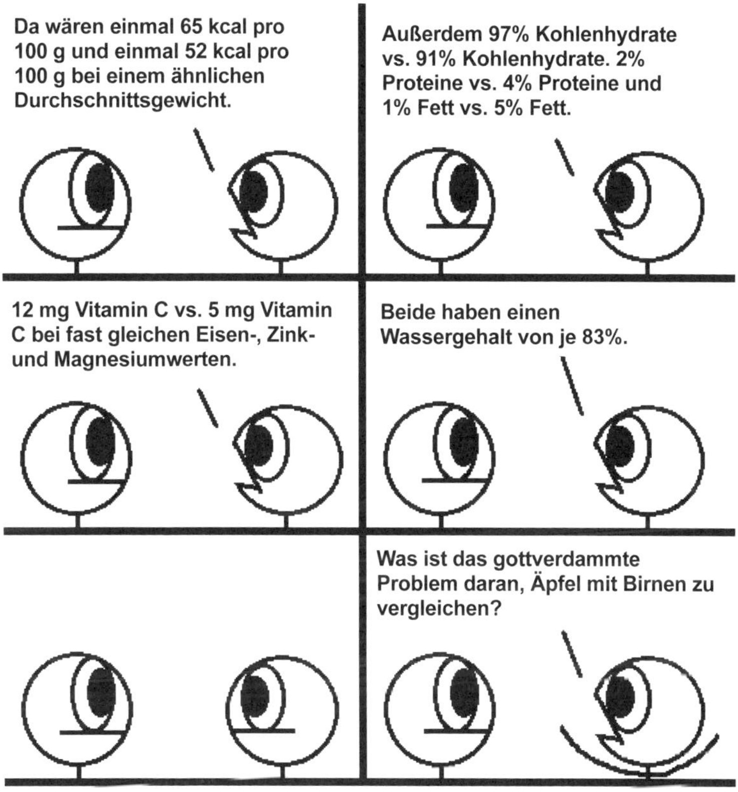
Da wären einmal 65 kcal pro 100 g und einmal 52 kcal pro 100 g bei einem ähnlichen Durchschnittsgewicht.
Außerdem 97% Kohlenhydrate vs. 91% Kohlenhydrate. 2% Proteine vs. 4% Proteine und 1% Fett vs. 5% Fett.
12 mg Vitamin C vs. 5 mg Vitamin C bei fast gleichen Eisen-, Zink- und Magnesiumwerten.
Beide haben einen Wassergehalt von je 83%.
Was ist das gottverdammte Problem daran, Äpfel mit Birnen zu vergleichen?

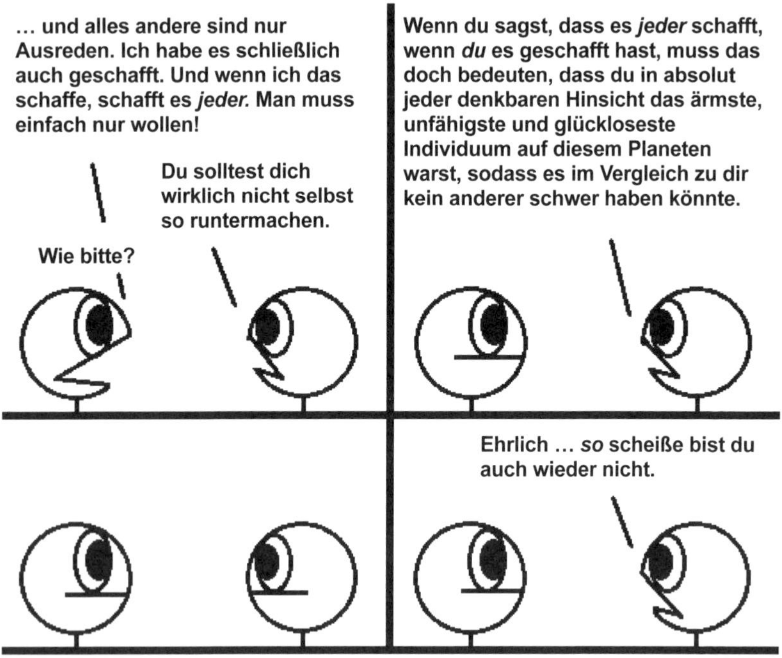
… und alles andere sind nur Ausreden. Ich habe es schließlich auch geschafft. Und wenn ich das schaffe, schafft es *jeder.* Man muss einfach nur wollen!
Du solltest dich wirklich nicht selbst so runtermachen.
Wie bitte?
Wenn du sagst, dass es *jeder* schafft, wenn *du* es geschafft hast, muss das doch bedeuten, dass du in absolut jeder denkbaren Hinsicht das ärmste, unfähigste und glückloseste Individuum auf diesem Planeten warst, sodass es im Vergleich zu dir kein anderer schwer haben könnte.
Ehrlich … *so* scheiße bist du auch wieder nicht.

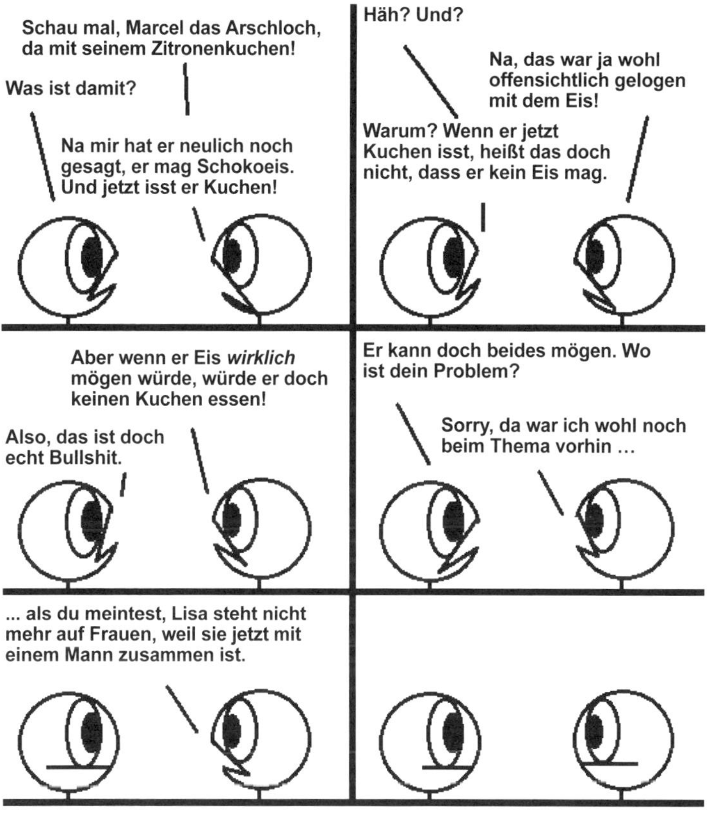
Schau mal, Marcel das Arschloch, da mit seinem Zitronenkuchen!
Was ist damit?
Na mir hat er neulich noch gesagt, er mag Schokoeis. Und jetzt isst er Kuchen!
Häh? Und?
Na, das war ja wohl offensichtlich gelogen mit dem Eis!
Warum? Wenn er jetzt Kuchen isst, heißt das doch nicht, dass er kein Eis mag.
Aber wenn er Eis *wirklich* mögen würde, würde er doch keinen Kuchen essen!
Also, das ist doch echt Bullshit.
Er kann doch beides mögen. Wo ist dein Problem?
Sorry, da war ich wohl noch beim Thema vorhin …
... als du meintest, Lisa steht nicht mehr auf Frauen, weil sie jetzt mit einem Mann zusammen ist.

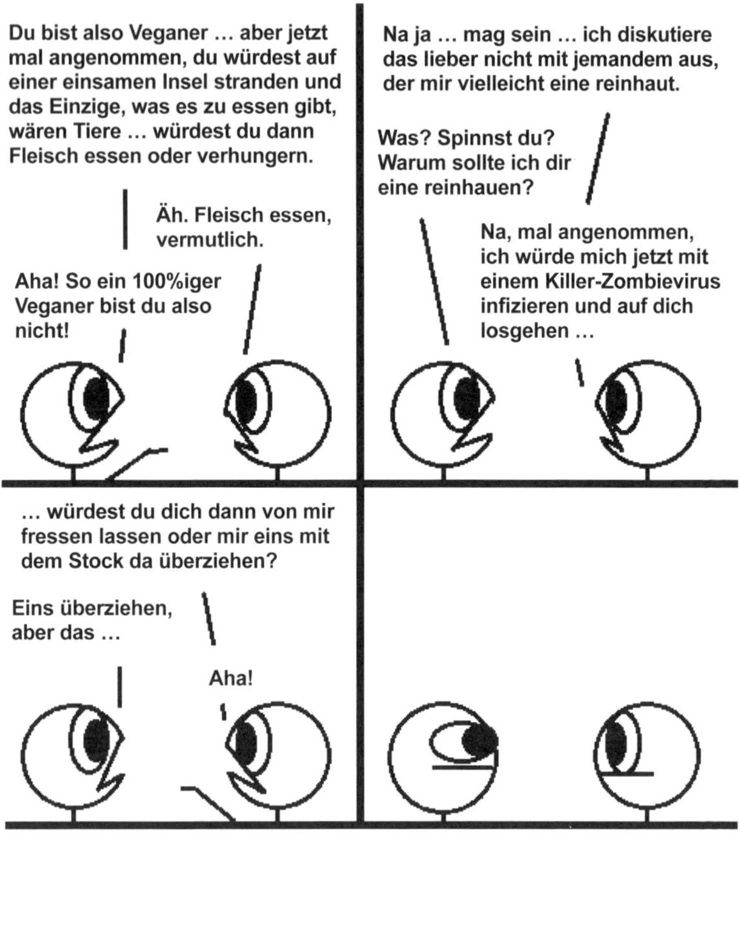
Du bist also Veganer … aber jetzt mal angenommen, du würdest auf einer einsamen Insel stranden und das Einzige, was es zu essen gibt, wären Tiere … würdest du dann Fleisch essen oder verhungern.
Äh. Fleisch essen, vermutlich.
Aha! So ein 100%iger Veganer bist du also nicht!
Na ja … mag sein … ich diskutiere das lieber nicht mit jemandem aus, der mir vielleicht eine reinhaut.
Was? Spinnst du? Warum sollte ich dir eine reinhauen?
Na, mal angenommen, ich würde mich jetzt mit einem Killer-Zombievirus infizieren und auf dich losgehen …
… würdest du dich dann von mir fressen lassen oder mir eins mit dem Stock da überziehen?
Eins überziehen, aber das …
Aha!

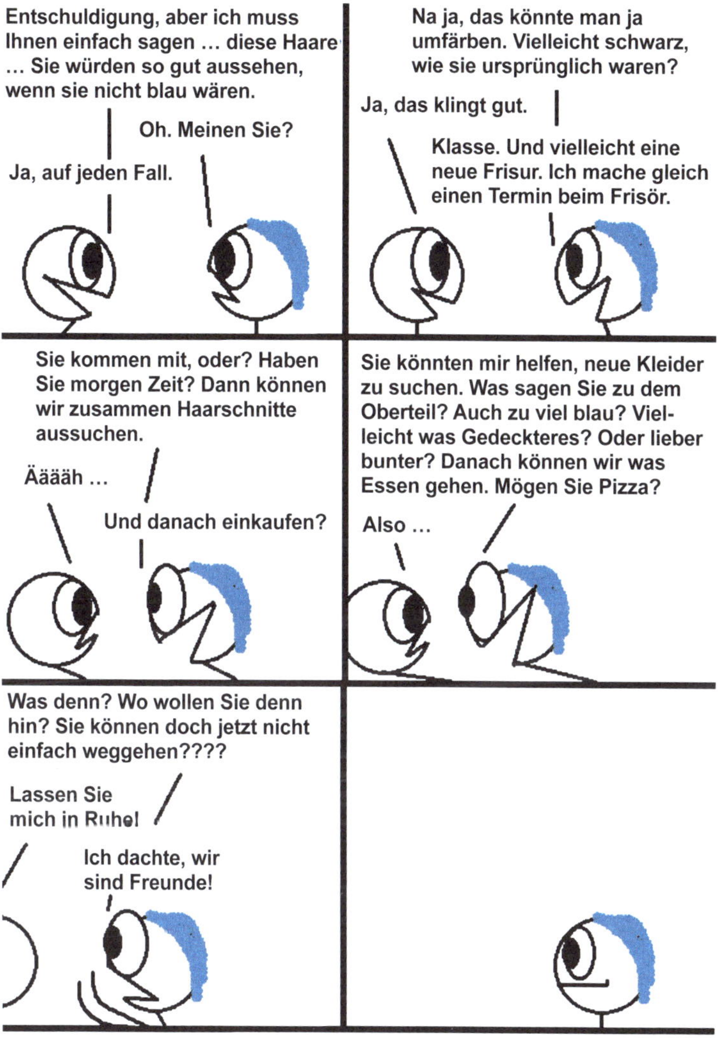
Entschuldigung, aber ich muss Ihnen einfach sagen … diese Haare … Sie würden so gut aussehen, wenn sie nicht blau wären.
Oh. Meinen Sie?
Ja, auf jeden Fall.
Na ja, das könnte man ja umfärben. Vielleicht schwarz, wie sie ursprünglich waren?
Ja, das klingt gut.
Klasse. Und vielleicht eine neue Frisur. Ich mache gleich einen Termin beim Frisör.
Sie kommen mit, oder? Haben Sie morgen Zeit? Dann können wir zusammen Haarschnitte aussuchen.
Äääåh …
Und danach einkaufen?
Sie könnten mir helfen, neue Kleider zu suchen. Was sagen Sie zu dem Oberteil? Auch zu viel blau? Vielleicht was Gedeckteres? Oder lieber bunter? Danach können wir was Essen gehen. Mögen Sie Pizza?
Also …
Was denn? Wo wollen Sie denn hin? Sie können doch jetzt nicht einfach weggehen????
Lassen Sie mich in Ruhe!
Ich dachte, wir sind Freunde!

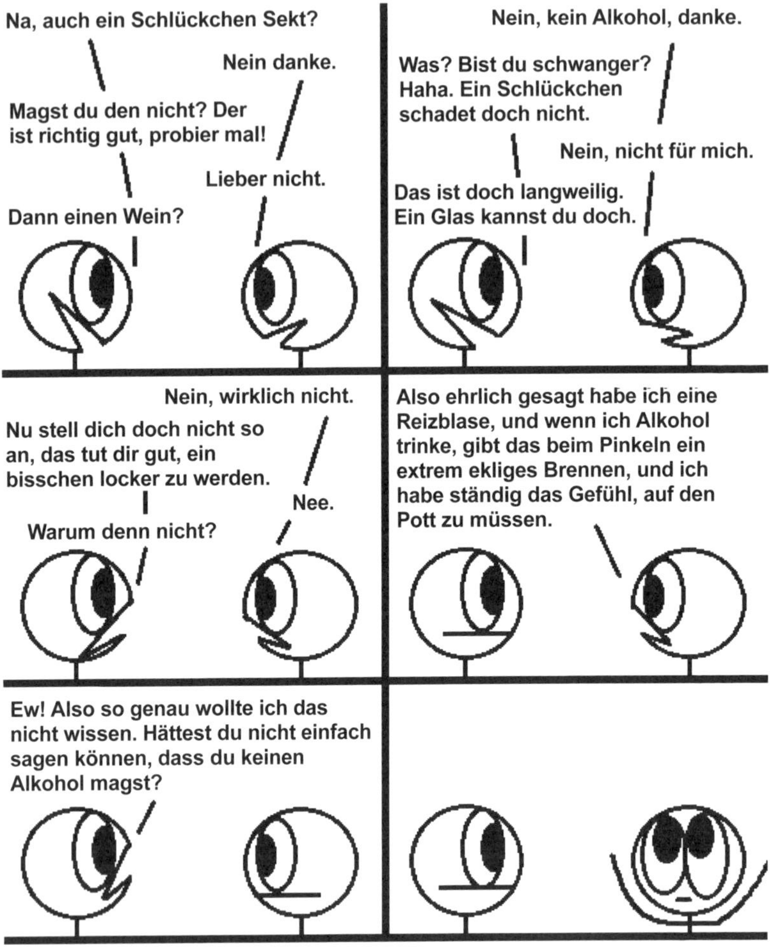
Na, auch ein Schlückchen Sekt?
Nein danke.
Magst du den nicht? Der ist richtig gut, probier mal!
Lieber nicht.
Dann einen Wein?
Nein, kein Alkohol, danke.
Was? Bist du schwanger? Haha. Ein Schlückchen schadet doch nicht.
Nein, nicht für mich.
Das ist doch langweilig. Ein Glas kannst du doch.
Nein, wirklich nicht.
Nu stell dich doch nicht so an, das tut dir gut, ein bisschen locker zu werden.
Nee.
Warum denn nicht?
Also ehrlich gesagt habe ich eine Reizblase, und wenn ich Alkohol trinke, gibt das beim Pinkeln ein extrem ekliges Brennen, und ich habe ständig das Gefühl, auf den Pott zu müssen.
Ew! Also so genau wollte ich das nicht wissen. Hättest du nicht einfach sagen können, dass du keinen Alkohol magst?

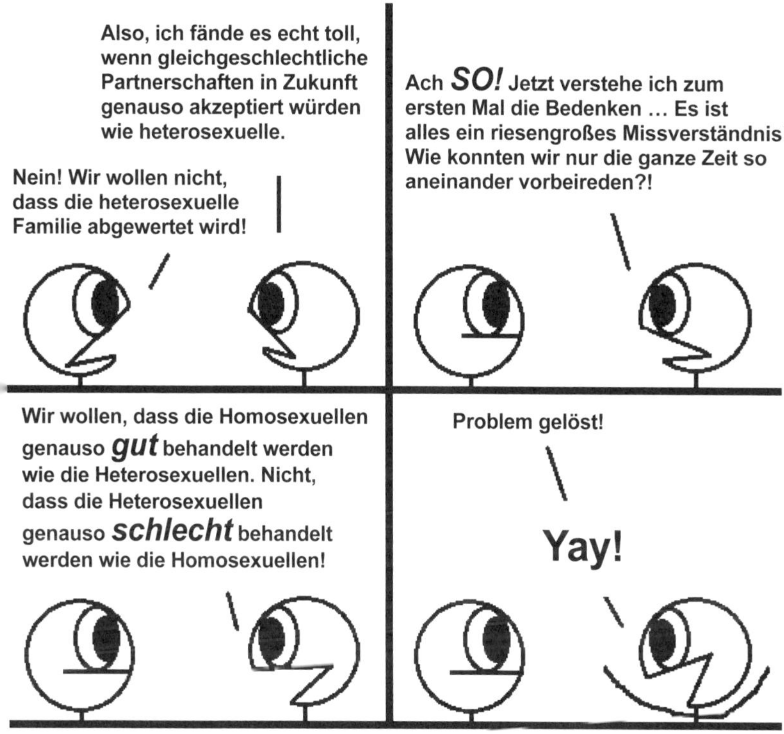
Also, ich fände es echt toll, wenn gleichgeschlechtliche Partnerschaften in Zukunft genauso akzeptiert würden wie heterosexuelle.
Nein! Wir wollen nicht, dass die heterosexuelle Familie abgewertet wird!
Ach *SO!* Jetzt verstehe ich zum ersten Mal die Bedenken … Es ist alles ein riesengroßes Missverständnis! Wie konnten wir nur die ganze Zeit so aneinander vorbeireden?!
Wir wollen, dass die Homosexuellen genauso *gut* behandelt werden wie die Heterosexuellen. Nicht, dass die Heterosexuellen genauso *schlecht* behandelt werden wie die Homosexuellen!
Problem gelöst!
Yay!

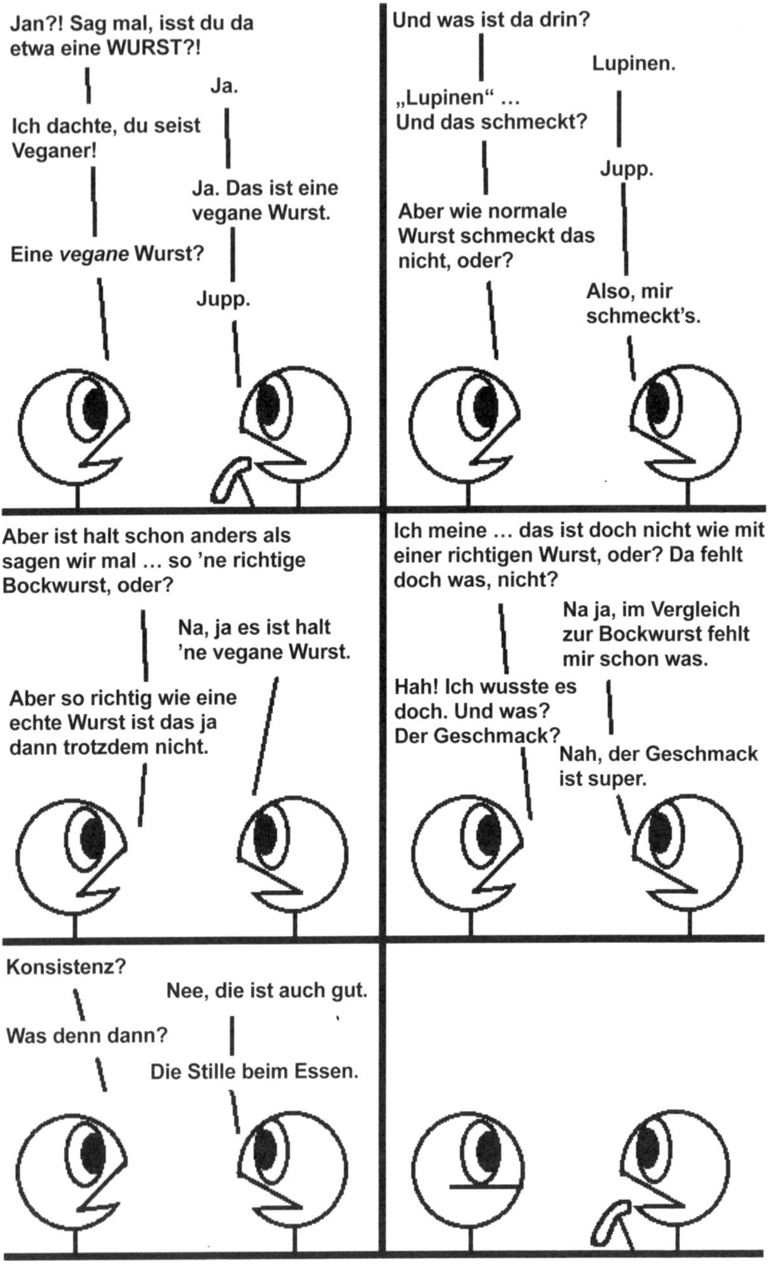

Jan?! Sag mal, isst du da etwa eine WURST?!
Ja.
Ich dachte, du seist Veganer!
Ja. Das ist eine vegane Wurst.
Eine *vegane* Wurst?
Jupp.
Und was ist da drin?
Lupinen.
„Lupinen“ … Und das schmeckt?
Jupp.
Aber wie normale Wurst schmeckt das nicht, oder?
Also, mir schmeckt’s.
Aber ist halt schon anders als sagen wir mal … so ’ne richtige Bockwurst, oder?
Na, ja es ist halt ’ne vegane Wurst.
Aber so richtig wie eine echte Wurst ist das ja dann trotzdem nicht.
Ich meine … das ist doch nicht wie mit einer richtigen Wurst, oder? Da fehlt doch was, nicht?
Na ja, im Vergleich zur Bockwurst fehlt mir schon was.
Hah! Ich wusste es doch. Und was? Der Geschmack?
Nah, der Geschmack ist super.
Konsistenz?
Nee, die ist auch gut.
Was denn dann?
Die Stille beim Essen.

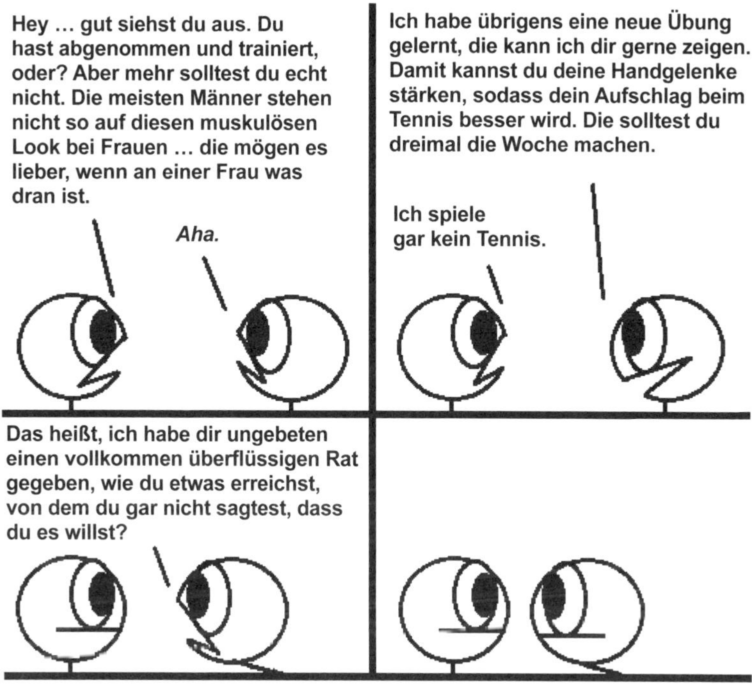
Hey … gut siehst du aus. Du hast abgenommen und trainiert, oder? Aber mehr solltest du echt nicht. Die meisten Männer stehen nicht so auf diesen muskulösen Look bei Frauen … die mögen es lieber, wenn an einer Frau was dran ist.
Aha.
Ich habe übrigens eine neue Übung gelernt, die kann ich dir gerne zeigen. Damit kannst du deine Handgelenke stärken, sodass dein Aufschlag beim Tennis besser wird. Die solltest du dreimal die Woche machen.
Ich spiele gar kein Tennis.
Das heißt, ich habe dir ungebeten einen vollkommen überflüssigen Rat gegeben, wie du etwas erreichst, von dem du gar nicht sagtest, dass du es willst?

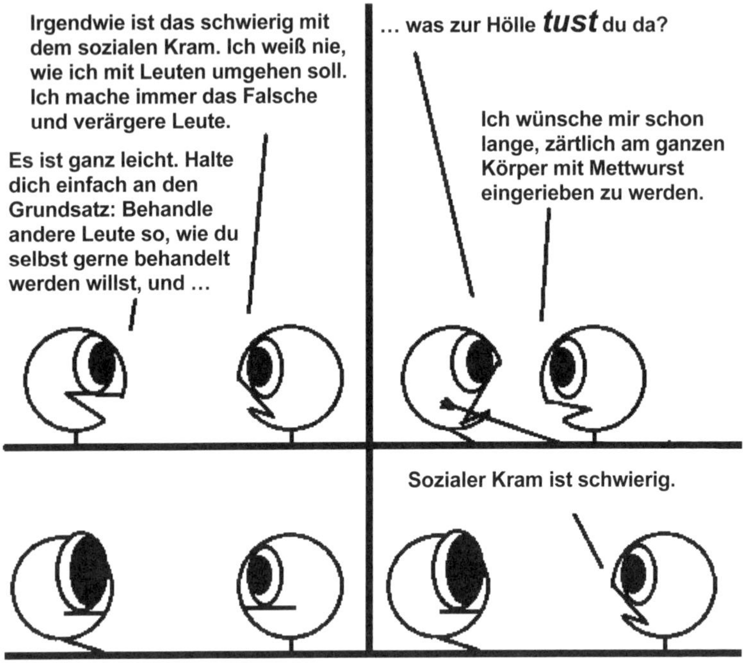
Irgendwie ist das schwierig mit dem sozialen Kram. Ich weiß nie, wie ich mit Leuten umgehen soll. Ich mache immer das Falsche und verärgere Leute.
Es ist ganz leicht. Halte dich einfach an den Grundsatz: Behandle andere Leute so, wie du selbst gerne behandelt werden willst, und …
Ich wünsche mir schon lange, zärtlich am ganzen Körper mit Mettwurst eingerieben zu werden.
… was zur Hölle *tust* du da?
Sozialer Kram ist schwierig.

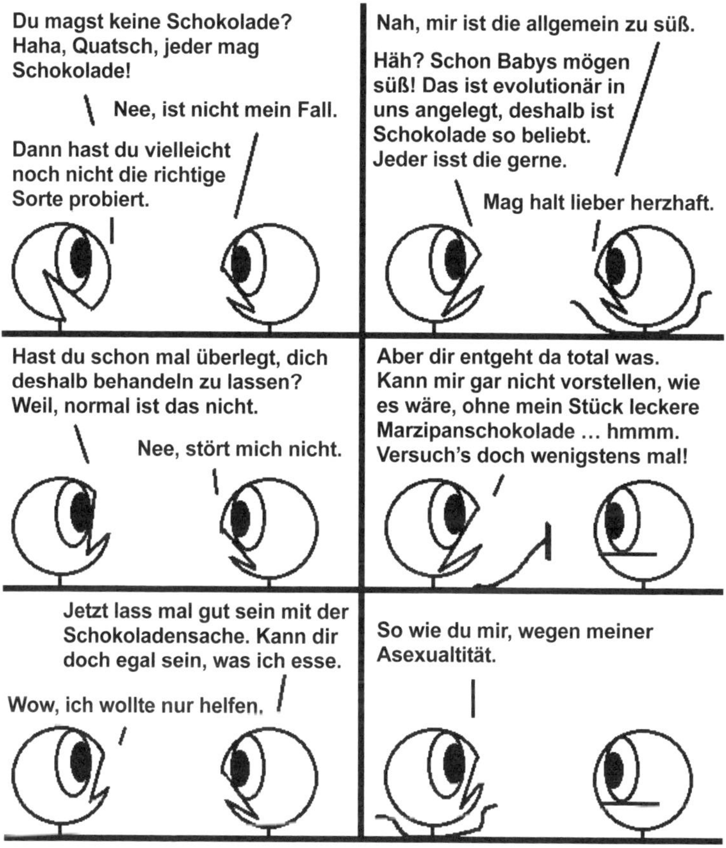
Du magst keine Schokolade? Haha, Quatsch, jeder mag Schokolade!
Nee, ist nicht mein Fall.
Dann hast du vielleicht noch nicht die richtige Sorte probiert.
Nah, mir ist die allgemein zu süß.
Häh? Schon Babys mögen süß! Das ist evolutionär in uns angelegt, deshalb ist Schokolade so beliebt. Jeder isst die gerne.
Mag halt lieber herzhaft.
Hast du schon mal überlegt, dich deshalb behandeln zu lassen? Weil, normal ist das nicht.
Nee, stört mich nicht.
Aber dir entgeht da total was. Kann mir gar nicht vorstellen, wie es wäre, ohne mein Stück leckere Marzipanschokolade … hmmm. Versuch's doch wenigstens mal!
Jetzt lass mal gut sein mit der Schokoladensache. Kann dir doch egal sein, was ich esse.
Wow, ich wollte nur helfen.
So wie du mir, wegen meiner Asexualtität.

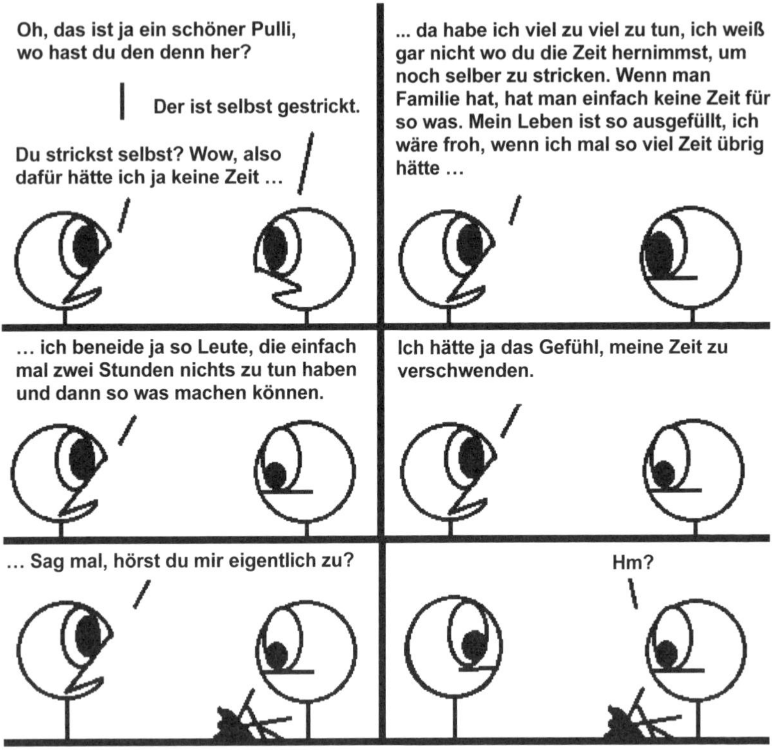
Oh, das ist ja ein schöner Pulli, wo hast du den denn her?
Der ist selbst gestrickt.
Du strickst selbst? Wow, also dafür hätte ich ja keine Zeit …
... da habe ich viel zu viel zu tun, ich weiß gar nicht wo du die Zeit hernimmst, um noch selber zu stricken. Wenn man Familie hat, hat man einfach keine Zeit für so was. Mein Leben ist so ausgefüllt, ich wäre froh, wenn ich mal so viel Zeit übrig hätte …
… ich beneide ja so Leute, die einfach mal zwei Stunden nichts zu tun haben und dann so was machen können.
Ich hätte ja das Gefühl, meine Zeit zu verschwenden.
… Sag mal, hörst du mir eigentlich zu?
Hm?

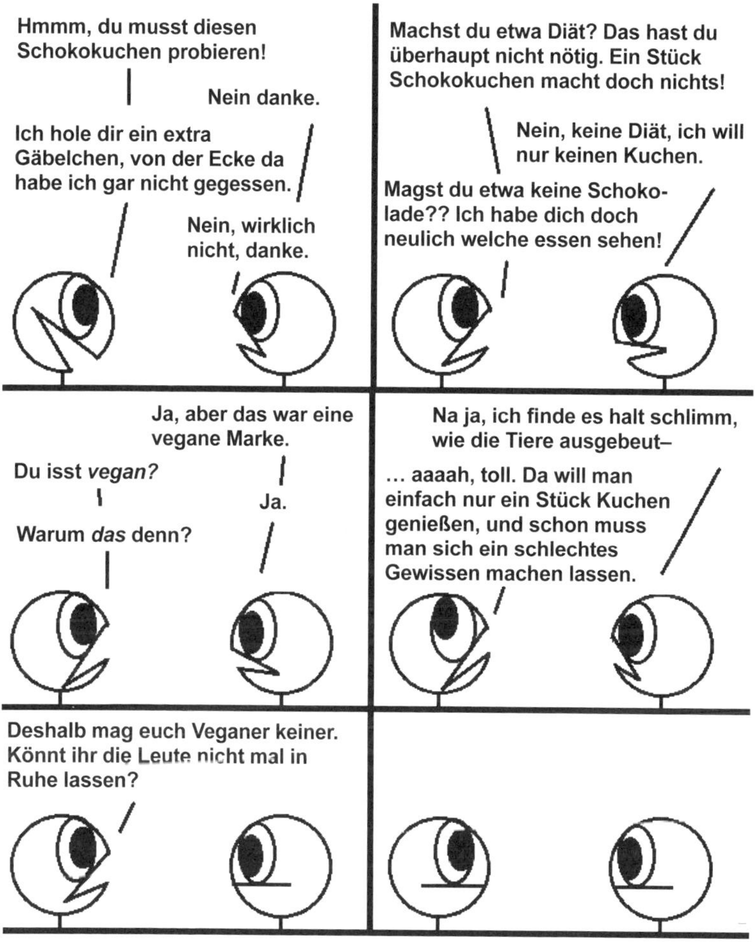
Hmmm, du musst diesen Schokokuchen probieren!
Nein danke.
Ich hole dir ein extra Gäbelchen, von der Ecke da habe ich gar nicht gegessen.
Nein, wirklich nicht, danke.
Machst du etwa Diät? Das hast du überhaupt nicht nötig. Ein Stück Schokokuchen macht doch nichts!
Nein, keine Diät, ich will nur keinen Kuchen.
Magst du etwa keine Schokolade?? Ich habe dich doch neulich welche essen sehen!
Ja, aber das war eine vegane Marke.
Du isst *vegan?*
Ja.
Warum *das* denn?
Na ja, ich finde es halt schlimm, wie die Tiere ausgebeut–
… aaaah, toll. Da will man einfach nur ein Stück Kuchen genießen, und schon muss man sich ein schlechtes Gewissen machen lassen.
Deshalb mag euch Veganer keiner. Könnt ihr die Leute nicht mal in Ruhe lassen?

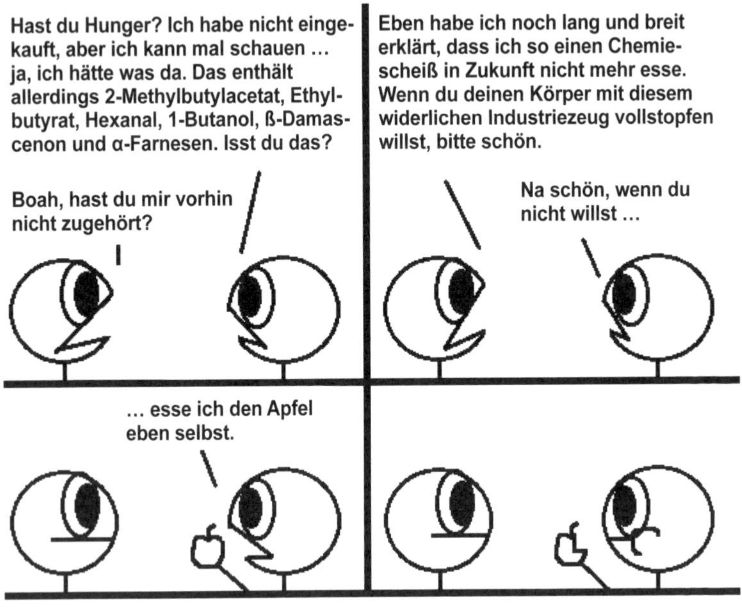
Hast du Hunger? Ich habe nicht einge-
kauft, aber ich kann mal schauen …
ja, ich hätte was da. Das enthält
allerdings 2-Methylbutylacetat, Ethyl-
butyrat, Hexanal, 1-Butanol, ß-Damas-
cenon und α-Farnesen. Isst du das?
Boah, hast du mir vorhin
nicht zugehört?
Eben habe ich noch lang und breit
erklärt, dass ich so einen Chemie-
scheiß in Zukunft nicht mehr esse.
Wenn du deinen Körper mit diesem
widerlichen Industriezeug vollstopfen
willst, bitte schön.
Na schön, wenn du
nicht willst …
… esse ich den Apfel
eben selbst.

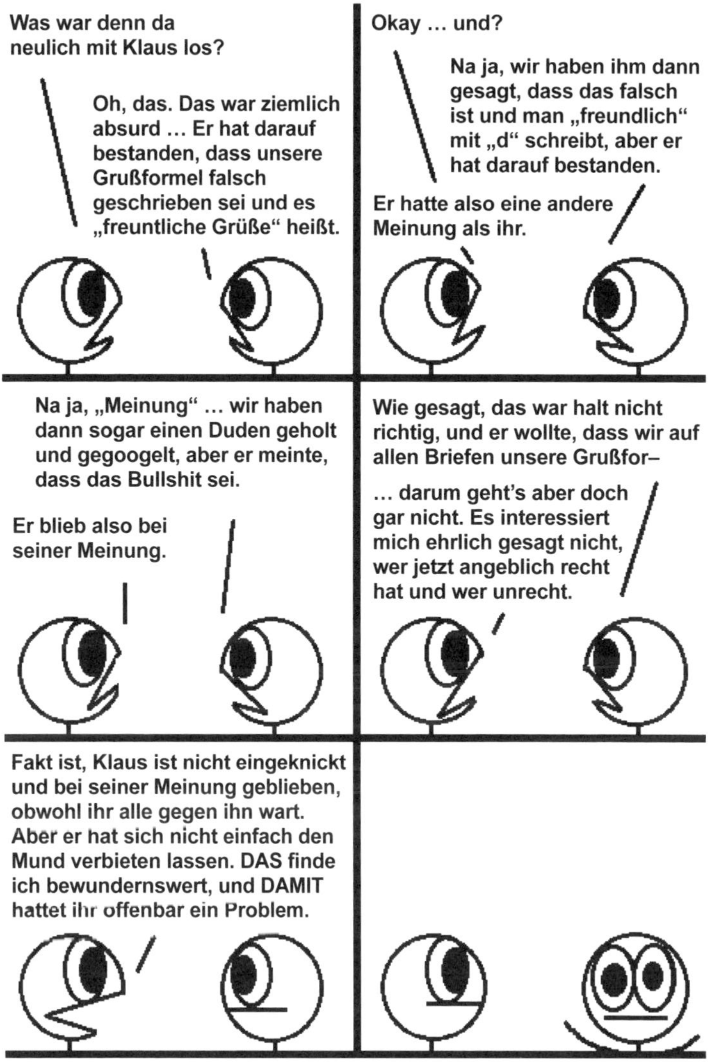
Was war denn da neulich mit Klaus los?
Oh, das. Das war ziemlich absurd … Er hat darauf bestanden, dass unsere Grußformel falsch geschrieben sei und es „freuntliche Grüße“ heißt.
Okay … und?
Na ja, wir haben ihm dann gesagt, dass das falsch ist und man „freundlich“ mit „d“ schreibt, aber er hat darauf bestanden.
Er hatte also eine andere Meinung als ihr.
Na ja, „Meinung“ … wir haben dann sogar einen Duden geholt und gegoogelt, aber er meinte, dass das Bullshit sei.
Er blieb also bei seiner Meinung.
Wie gesagt, das war halt nicht richtig, und er wollte, dass wir auf allen Briefen unsere Grußfor–
… darum geht’s aber doch gar nicht. Es interessiert mich ehrlich gesagt nicht, wer jetzt angeblich recht hat und wer unrecht.
Fakt ist, Klaus ist nicht eingeknickt und bei seiner Meinung geblieben, obwohl ihr alle gegen ihn wart. Aber er hat sich nicht einfach den Mund verbieten lassen. DAS finde ich bewundernswert, und DAMIT hattet ihr offenbar ein Problem.

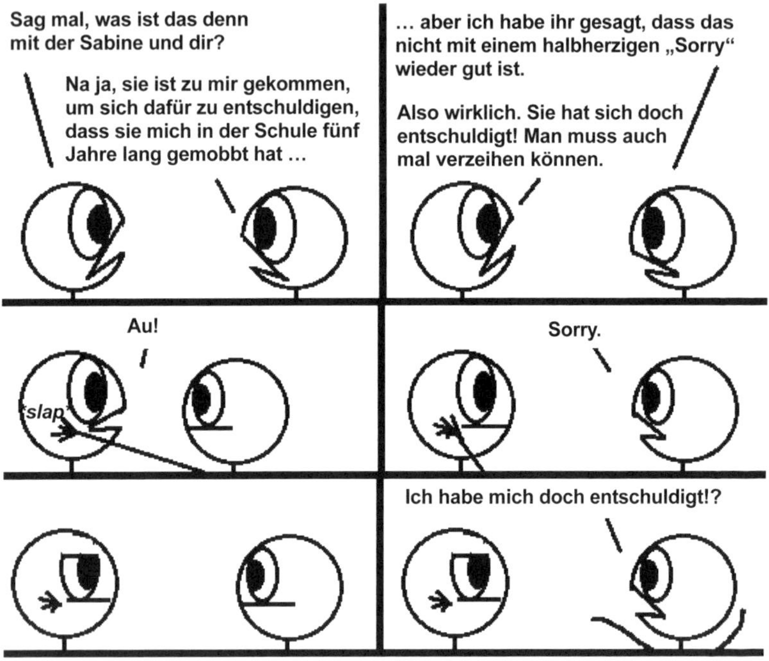
Sag mal, was ist das denn mit der Sabine und dir?
Na ja, sie ist zu mir gekommen, um sich dafür zu entschuldigen, dass sie mich in der Schule fünf Jahre lang gemobbt hat …
… aber ich habe ihr gesagt, dass das nicht mit einem halbherzigen „Sorry“ wieder gut ist.
Also wirklich. Sie hat sich doch entschuldigt! Man muss auch mal verzeihen können.
slap
Au!
Sorry.
Ich habe mich doch entschuldigt!?

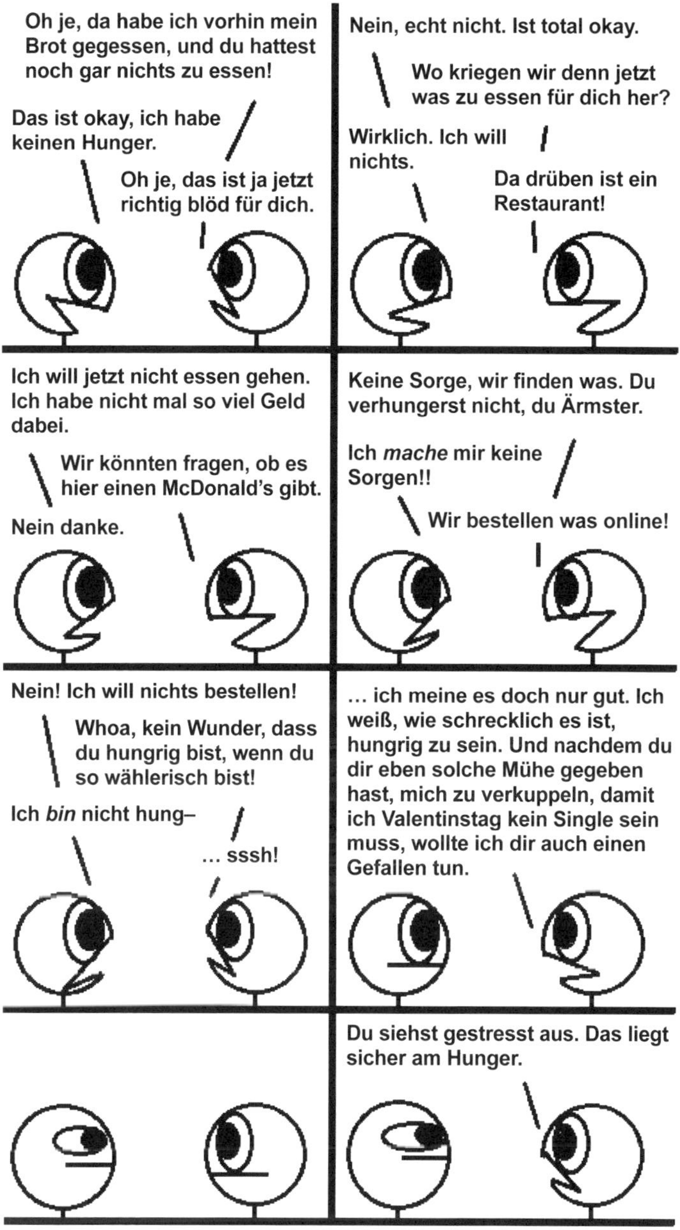

Oh je, da habe ich vorhin mein Brot gegessen, und du hattest noch gar nichts zu essen!
Das ist okay, ich habe keinen Hunger.
Oh je, das ist ja jetzt richtig blöd für dich.
Nein, echt nicht. Ist total okay.
Wo kriegen wir denn jetzt was zu essen für dich her?
Wirklich. Ich will nichts.
Da drüben ist ein Restaurant!
Ich will jetzt nicht essen gehen. Ich habe nicht mal so viel Geld dabei.
Wir könnten fragen, ob es hier einen McDonald's gibt.
Nein danke.
Keine Sorge, wir finden was. Du verhungerst nicht, du Ärmster.
Ich *mache* mir keine Sorgen!!
Wir bestellen was online!
Nein! Ich will nichts bestellen!
Whoa, kein Wunder, dass du hungrig bist, wenn du so wählerisch bist!
Ich *bin* nicht hung–
... sssh!
... ich meine es doch nur gut. Ich weiß, wie schrecklich es ist, hungrig zu sein. Und nachdem du dir eben solche Mühe gegeben hast, mich zu verkuppeln, damit ich Valentinstag kein Single sein muss, wollte ich dir auch einen Gefallen tun.
Du siehst gestresst aus. Das liegt sicher am Hunger.

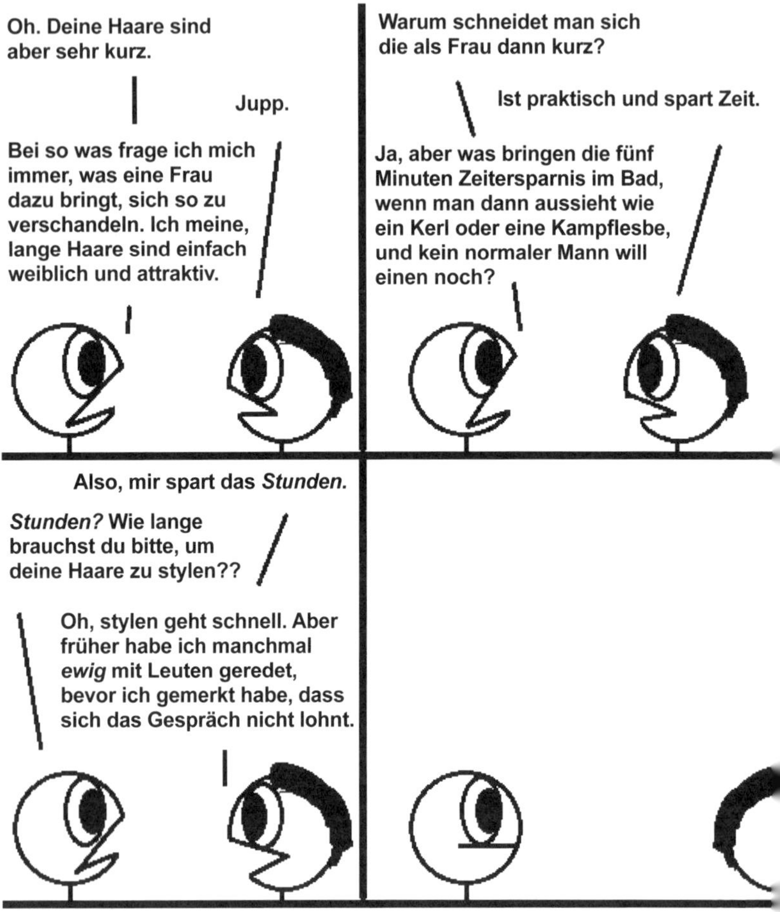
Oh. Deine Haare sind aber sehr kurz.
Jupp.
Bei so was frage ich mich immer, was eine Frau dazu bringt, sich so zu verschandeln. Ich meine, lange Haare sind einfach weiblich und attraktiv.
Warum schneidet man sich die als Frau dann kurz?
Ist praktisch und spart Zeit.
Ja, aber was bringen die fünf Minuten Zeitersparnis im Bad, wenn man dann aussieht wie ein Kerl oder eine Kampflesbe, und kein normaler Mann will einen noch?
Also, mir spart das *Stunden.*
Stunden? Wie lange brauchst du bitte, um deine Haare zu stylen??
Oh, stylen geht schnell. Aber früher habe ich manchmal *ewig* mit Leuten geredet, bevor ich gemerkt habe, dass sich das Gespräch nicht lohnt.

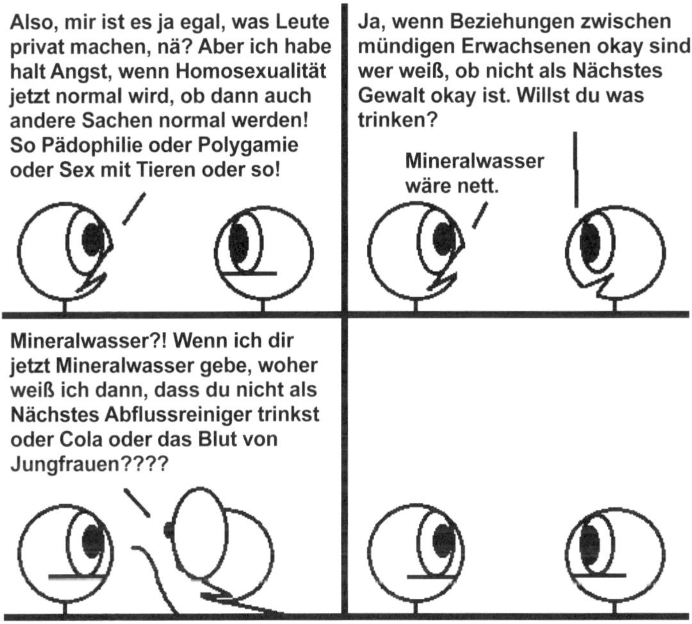
Also, mir ist es ja egal, was Leute privat machen, nä? Aber ich habe halt Angst, wenn Homosexualität jetzt normal wird, ob dann auch andere Sachen normal werden! So Pädophilie oder Polygamie oder Sex mit Tieren oder so!
Ja, wenn Beziehungen zwischen mündigen Erwachsenen okay sind, wer weiß, ob nicht als Nächstes Gewalt okay ist. Willst du was trinken?
Mineralwasser wäre nett.
Mineralwasser?! Wenn ich dir jetzt Mineralwasser gebe, woher weiß ich dann, dass du nicht als Nächstes Abflussreiniger trinkst oder Cola oder das Blut von Jungfrauen????

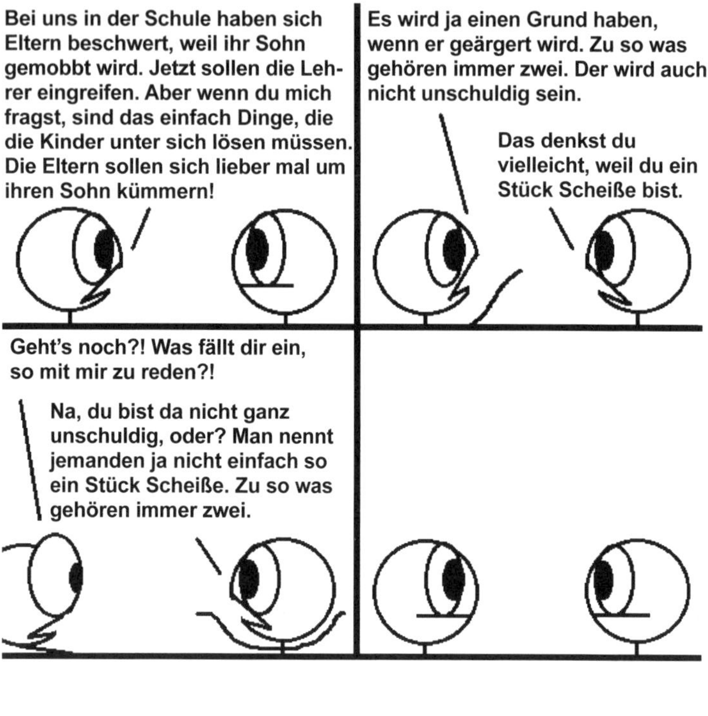
Bei uns in der Schule haben sich Eltern beschwert, weil ihr Sohn gemobbt wird. Jetzt sollen die Lehrer eingreifen. Aber wenn du mich fragst, sind das einfach Dinge, die die Kinder unter sich lösen müssen. Die Eltern sollen sich lieber mal um ihren Sohn kümmern!
Es wird ja einen Grund haben, wenn er geärgert wird. Zu so was gehören immer zwei. Der wird auch nicht unschuldig sein.
Das denkst du vielleicht, weil du ein Stück Scheiße bist.
Geht's noch?! Was fällt dir ein, so mit mir zu reden?!
Na, du bist da nicht ganz unschuldig, oder? Man nennt jemanden ja nicht einfach so ein Stück Scheiße. Zu so was gehören immer zwei.

INTROVERTIERTENLEBEN

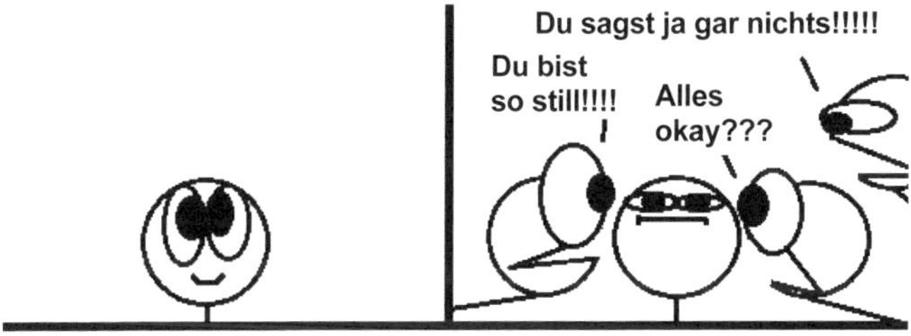

KAPITEL 2

GESUNDHEIT

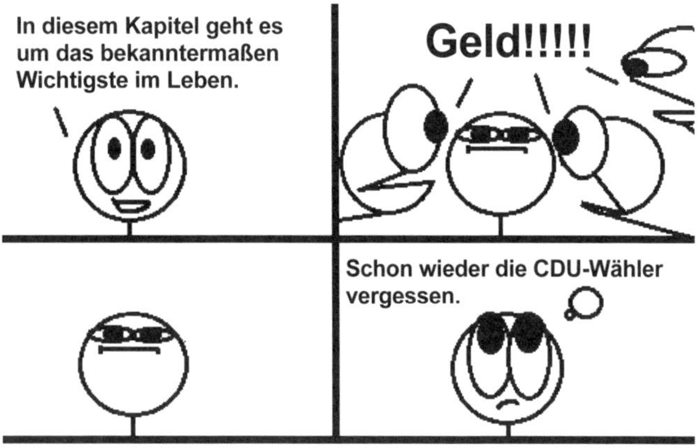

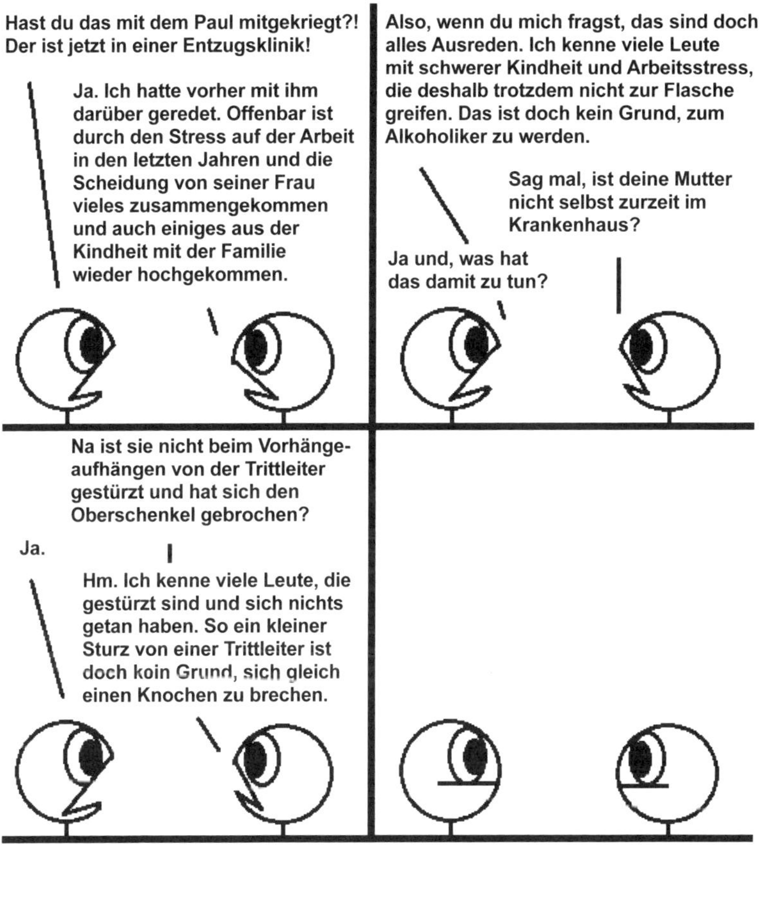

Hast du das mit dem Paul mitgekriegt?! Der ist jetzt in einer Entzugsklinik!
Ja. Ich hatte vorher mit ihm darüber geredet. Offenbar ist durch den Stress auf der Arbeit in den letzten Jahren und die Scheidung von seiner Frau vieles zusammengekommen und auch einiges aus der Kindheit mit der Familie wieder hochgekommen.
Also, wenn du mich fragst, das sind doch alles Ausreden. Ich kenne viele Leute mit schwerer Kindheit und Arbeitsstress, die deshalb trotzdem nicht zur Flasche greifen. Das ist doch kein Grund, zum Alkoholiker zu werden.
Sag mal, ist deine Mutter nicht selbst zurzeit im Krankenhaus?
Ja und, was hat das damit zu tun?
Na ist sie nicht beim Vorhänge-aufhängen von der Trittleiter gestürzt und hat sich den Oberschenkel gebrochen?
Ja.
Hm. Ich kenne viele Leute, die gestürzt sind und sich nichts getan haben. So ein kleiner Sturz von einer Trittleiter ist doch kein Grund, sich gleich einen Knochen zu brechen.

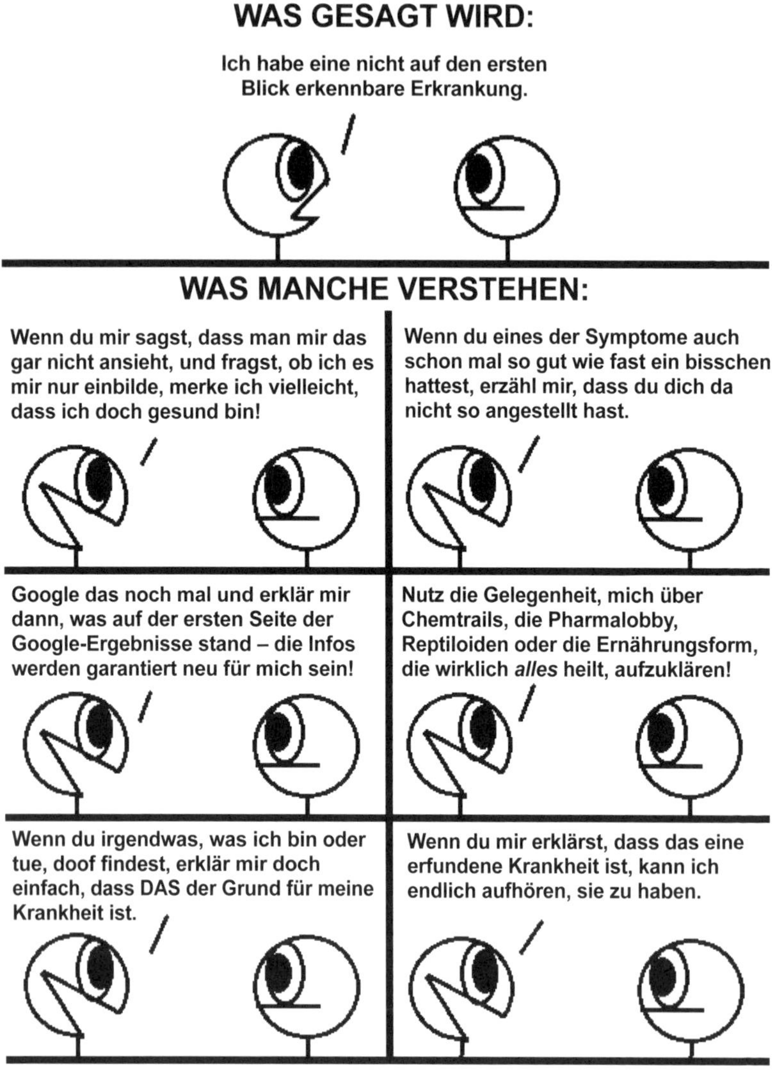
WAS GESAGT WIRD:
Ich habe eine nicht auf den ersten Blick erkennbare Erkrankung.
WAS MANCHE VERSTEHEN:
Wenn du mir sagst, dass man mir das gar nicht ansieht, und fragst, ob ich es mir nur einbilde, merke ich vielleicht, dass ich doch gesund bin!
Wenn du eines der Symptome auch schon mal so gut wie fast ein bisschen hattest, erzähl mir, dass du dich da nicht so angestellt hast.
Google das noch mal und erklär mir dann, was auf der ersten Seite der Google-Ergebnisse stand – die Infos werden garantiert neu für mich sein!
Nutz die Gelegenheit, mich über Chemtrails, die Pharmalobby, Reptiloiden oder die Ernährungsform, die wirklich *alles* heilt, aufzuklären!
Wenn du irgendwas, was ich bin oder tue, doof findest, erklär mir doch einfach, dass DAS der Grund für meine Krankheit ist.
Wenn du mir erklärst, dass das eine erfundene Krankheit ist, kann ich endlich aufhören, sie zu haben.

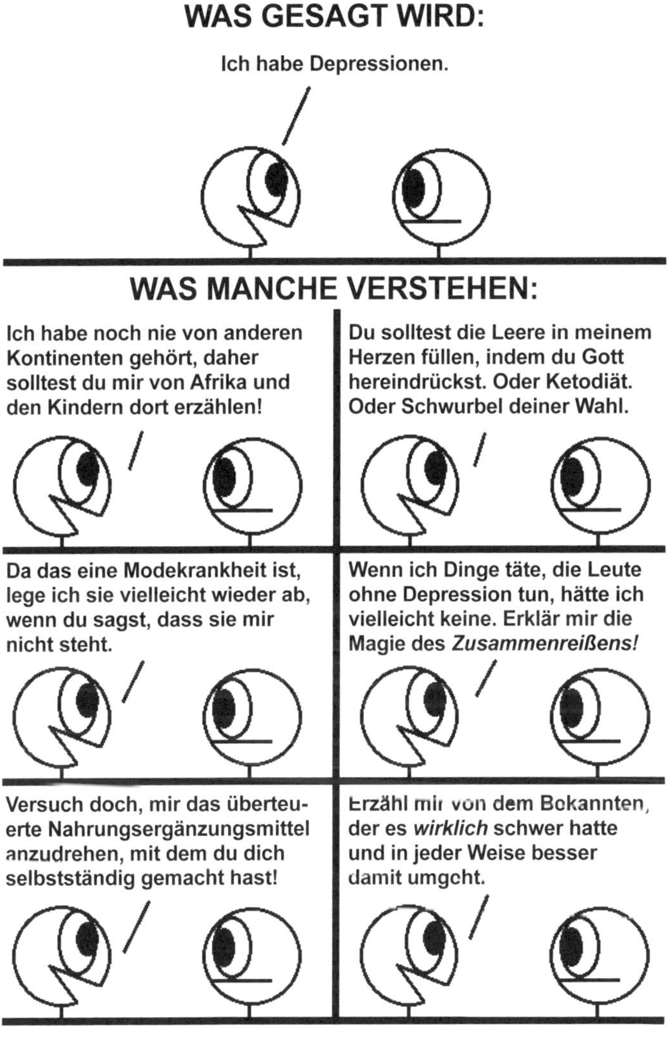
WAS GESAGT WIRD:
Ich habe Depressionen.
WAS MANCHE VERSTEHEN:
Ich habe noch nie von anderen Kontinenten gehört, daher solltest du mir von Afrika und den Kindern dort erzählen!
Du solltest die Leere in meinem Herzen füllen, indem du Gott hereindrückst. Oder Ketodiät. Oder Schwurbel deiner Wahl.
Da das eine Modekrankheit ist, lege ich sie vielleicht wieder ab, wenn du sagst, dass sie mir nicht steht.
Wenn ich Dinge täte, die Leute ohne Depression tun, hätte ich vielleicht keine. Erklär mir die Magie des *Zusammenreißens!*
Versuch doch, mir das überteuerte Nahrungsergänzungsmittel anzudrehen, mit dem du dich selbstständig gemacht hast!
Erzähl mir von dem Bekannten, der es *wirklich* schwer hatte und in jeder Weise besser damit umgeht.

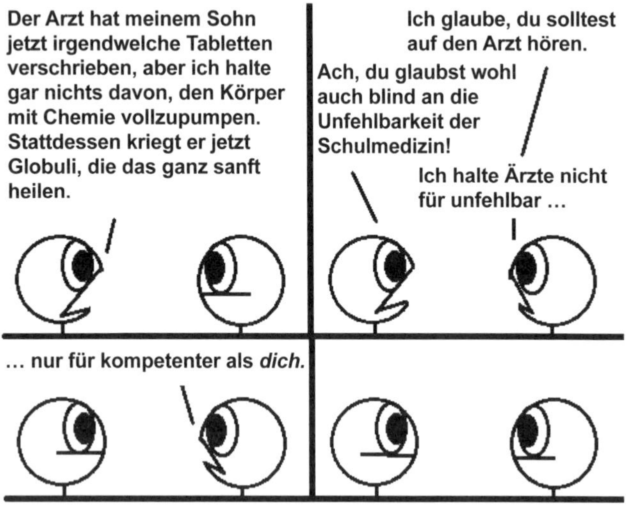
Der Arzt hat meinem Sohn jetzt irgendwelche Tabletten verschrieben, aber ich halte gar nichts davon, den Körper mit Chemie vollzupumpen. Stattdessen kriegt er jetzt Globuli, die das ganz sanft heilen.
Ich glaube, du solltest auf den Arzt hören.
Ach, du glaubst wohl auch blind an die Unfehlbarkeit der Schulmedizin!
Ich halte Ärzte nicht für unfehlbar …
… nur für kompetenter als *dich.*

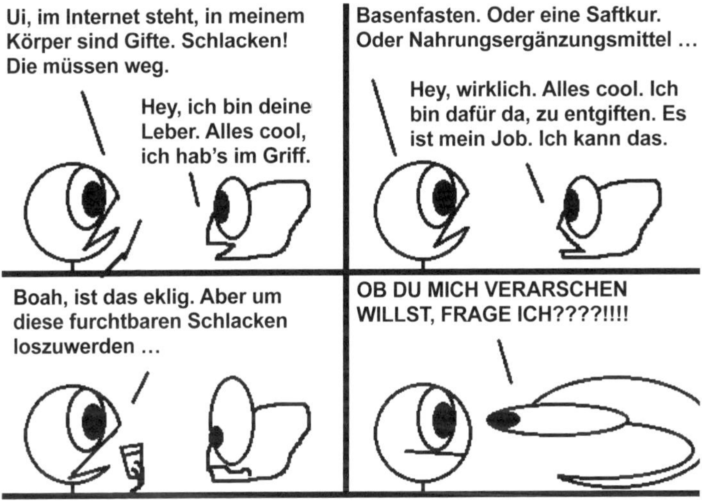
Ui, im Internet steht, in meinem Körper sind Gifte. Schlacken! Die müssen weg.
Hey, ich bin deine Leber. Alles cool, ich hab's im Griff.
Basenfasten. Oder eine Saftkur. Oder Nahrungsergänzungsmittel …
Hey, wirklich. Alles cool. Ich bin dafür da, zu entgiften. Es ist mein Job. Ich kann das.
Boah, ist das eklig. Aber um diese furchtbaren Schlacken loszuwerden …
OB DU MICH VERARSCHEN WILLST, FRAGE ICH????!!!!

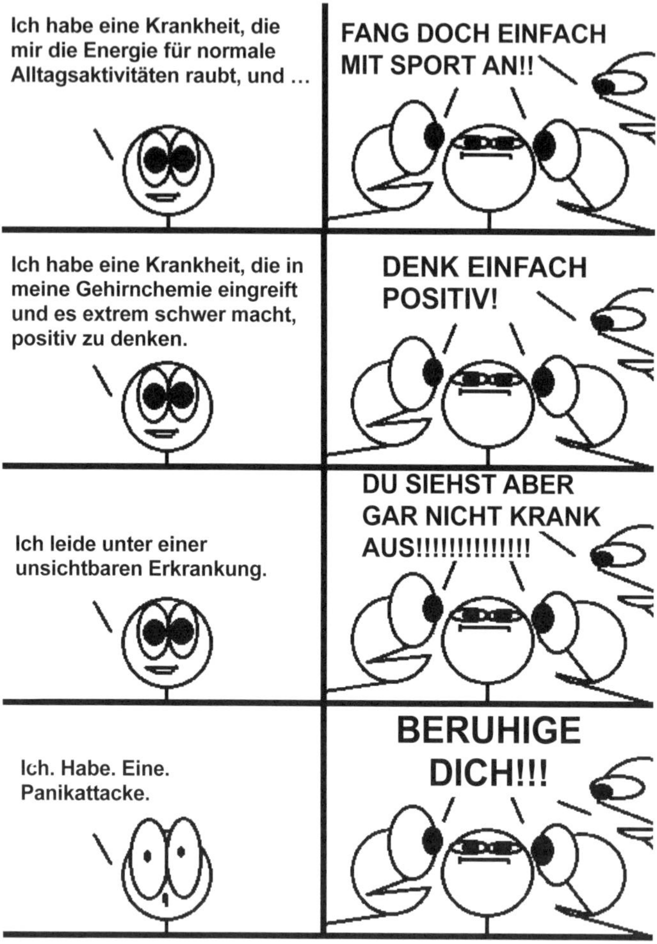
Ich habe eine Krankheit, die mir die Energie für normale Alltagsaktivitäten raubt, und …
FANG DOCH EINFACH MIT SPORT AN!!
Ich habe eine Krankheit, die in meine Gehirnchemie eingreift und es extrem schwer macht, positiv zu denken.
DENK EINFACH POSITIV!
Ich leide unter einer unsichtbaren Erkrankung.
DU SIEHST ABER GAR NICHT KRANK AUS!!!!!!!!!!!!!!
Ich. Habe. Eine. Panikattacke.
BERUHIGE DICH!!!

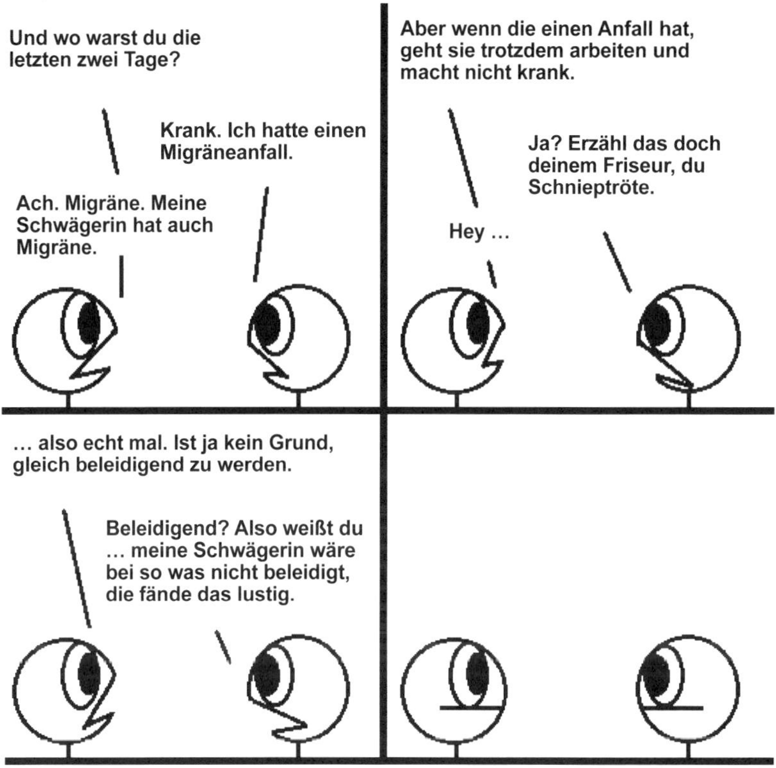
Und wo warst du die letzten zwei Tage?
Krank. Ich hatte einen Migräneanfall.
Ach. Migräne. Meine Schwägerin hat auch Migräne.
Aber wenn die einen Anfall hat, geht sie trotzdem arbeiten und macht nicht krank.
Ja? Erzähl das doch deinem Friseur, du Schniepttröte.
Hey …
… also echt mal. Ist ja kein Grund, gleich beleidigend zu werden.
Beleidigend? Also weißt du … meine Schwägerin wäre bei so was nicht beleidigt, die fände das lustig.

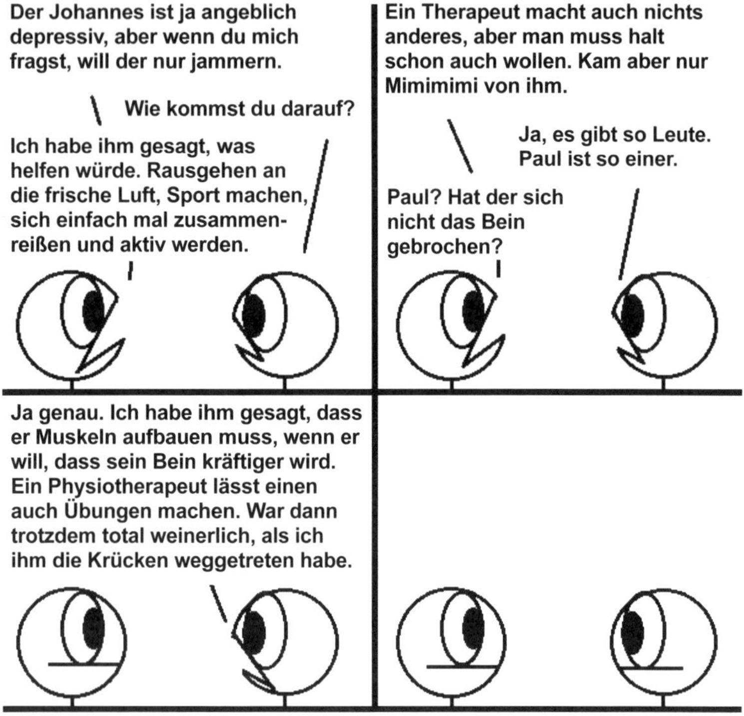

Der Johannes ist ja angeblich depressiv, aber wenn du mich fragst, will der nur jammern.
Wie kommst du darauf?
Ich habe ihm gesagt, was helfen würde. Rausgehen an die frische Luft, Sport machen, sich einfach mal zusammenreißen und aktiv werden.
Ein Therapeut macht auch nichts anderes, aber man muss halt schon auch wollen. Kam aber nur Mimimimi von ihm.
Ja, es gibt so Leute. Paul ist so einer.
Paul? Hat der sich nicht das Bein gebrochen?
Ja genau. Ich habe ihm gesagt, dass er Muskeln aufbauen muss, wenn er will, dass sein Bein kräftiger wird. Ein Physiotherapeut lässt einen auch Übungen machen. War dann trotzdem total weinerlich, als ich ihm die Krücken weggetreten habe.

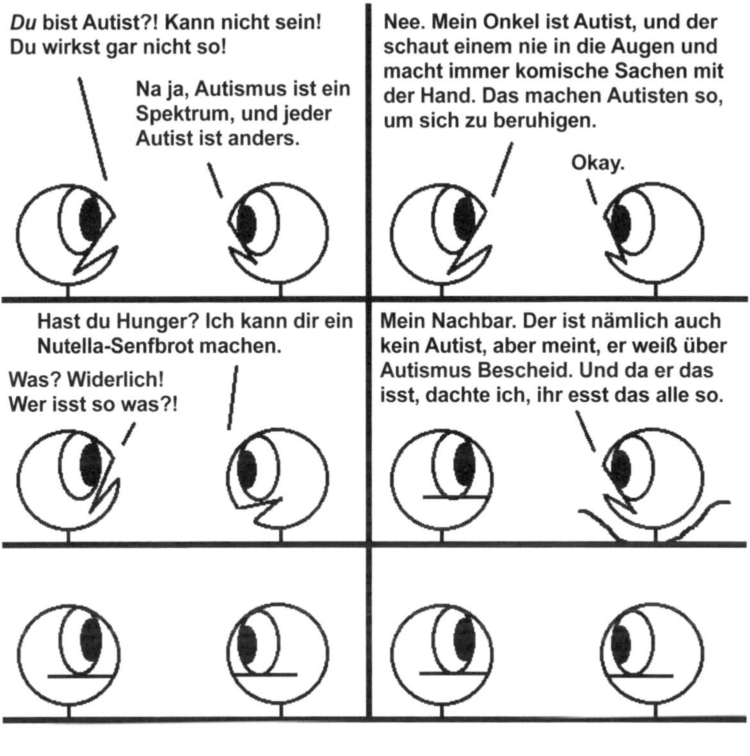
Du bist Autist?! Kann nicht sein! Du wirkst gar nicht so!
Na ja, Autismus ist ein Spektrum, und jeder Autist ist anders.
Nee. Mein Onkel ist Autist, und der schaut einem nie in die Augen und macht immer komische Sachen mit der Hand. Das machen Autisten so, um sich zu beruhigen.
Okay.
Hast du Hunger? Ich kann dir ein Nutella-Senfbrot machen.
Was? Widerlich! Wer isst so was?!
Mein Nachbar. Der ist nämlich auch kein Autist, aber meint, er weiß über Autismus Bescheid. Und da er das isst, dachte ich, ihr esst das alle so.

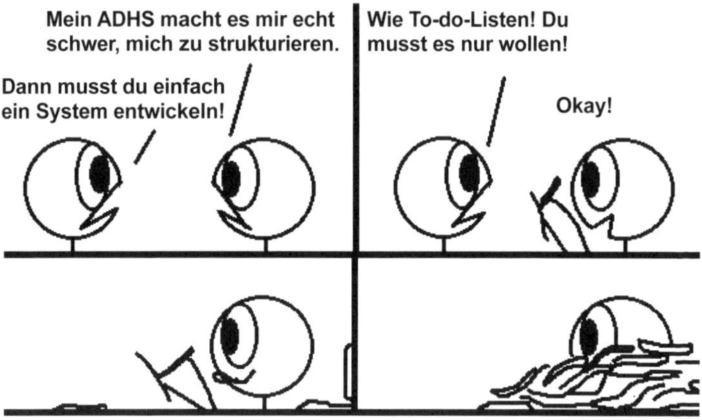
Mein ADHS macht es mir echt schwer, mich zu strukturieren.
Dann musst du einfach ein System entwickeln!
Wie To-do-Listen! Du musst es nur wollen!
Okay!

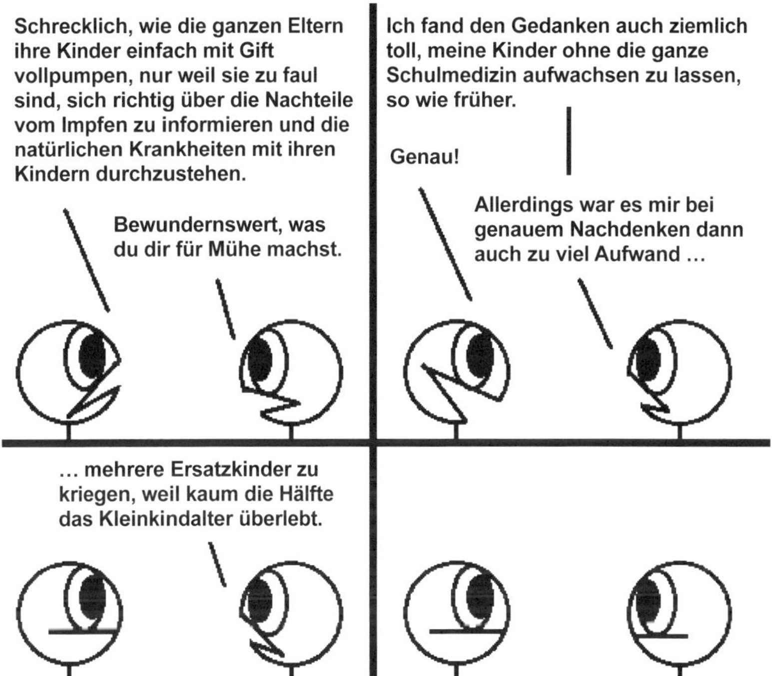

Schrecklich, wie die ganzen Eltern ihre Kinder einfach mit Gift vollpumpen, nur weil sie zu faul sind, sich richtig über die Nachteile vom Impfen zu informieren und die natürlichen Krankheiten mit ihren Kindern durchzustehen.
Bewundernswert, was du dir für Mühe machst.
Ich fand den Gedanken auch ziemlich toll, meine Kinder ohne die ganze Schulmedizin aufwachsen zu lassen, so wie früher.
Genau!
Allerdings war es mir bei genauem Nachdenken dann auch zu viel Aufwand …
… mehrere Ersatzkinder zu kriegen, weil kaum die Hälfte das Kleinkindalter überlebt.

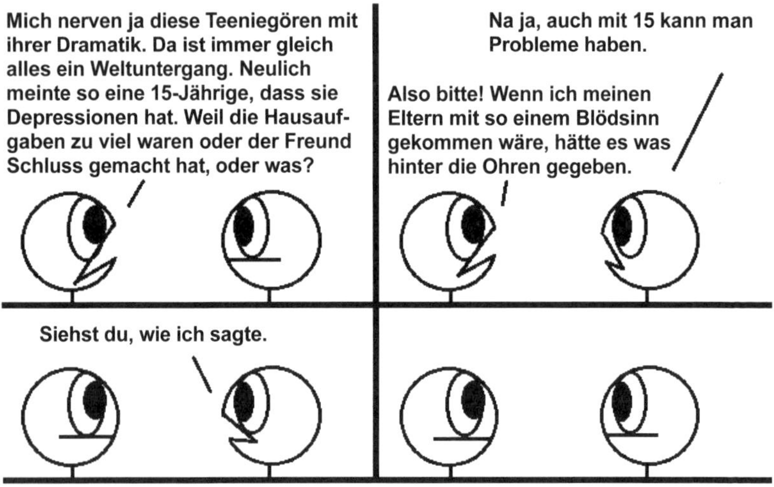

Mich nerven ja diese Teeniegören mit ihrer Dramatik. Da ist immer gleich alles ein Weltuntergang. Neulich meinte so eine 15-Jährige, dass sie Depressionen hat. Weil die Hausaufgaben zu viel waren oder der Freund Schluss gemacht hat, oder was?
Na ja, auch mit 15 kann man Probleme haben.
Also bitte! Wenn ich meinen Eltern mit so einem Blödsinn gekommen wäre, hätte es was hinter die Ohren gegeben.
Siehst du, wie ich sagte.

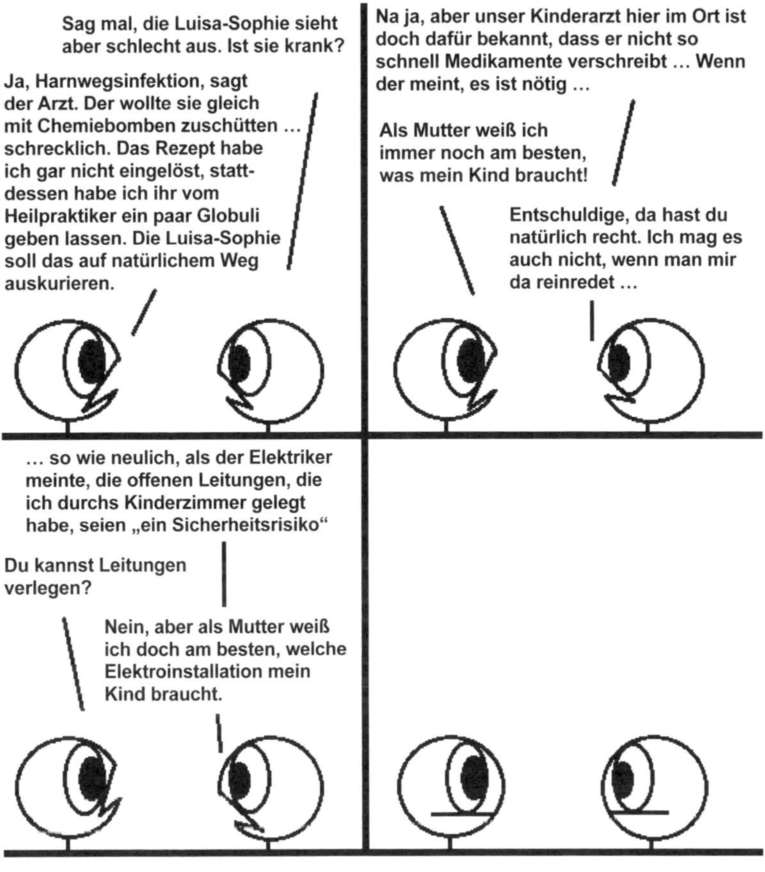
Sag mal, die Luisa-Sophie sieht aber schlecht aus. Ist sie krank?
Ja, Harnwegsinfektion, sagt der Arzt. Der wollte sie gleich mit Chemiebomben zuschütten … schrecklich. Das Rezept habe ich gar nicht eingelöst, statt-dessen habe ich ihr vom Heilpraktiker ein paar Globuli geben lassen. Die Luisa-Sophie soll das auf natürlichem Weg auskurieren.
Na ja, aber unser Kinderarzt hier im Ort ist doch dafür bekannt, dass er nicht so schnell Medikamente verschreibt … Wenn der meint, es ist nötig …
Als Mutter weiß ich immer noch am besten, was mein Kind braucht!
Entschuldige, da hast du natürlich recht. Ich mag es auch nicht, wenn man mir da reinredet …
… so wie neulich, als der Elektriker meinte, die offenen Leitungen, die ich durchs Kinderzimmer gelegt habe, seien „ein Sicherheitsrisiko“
Du kannst Leitungen verlegen?
Nein, aber als Mutter weiß ich doch am besten, welche Elektroinstallation mein Kind braucht.

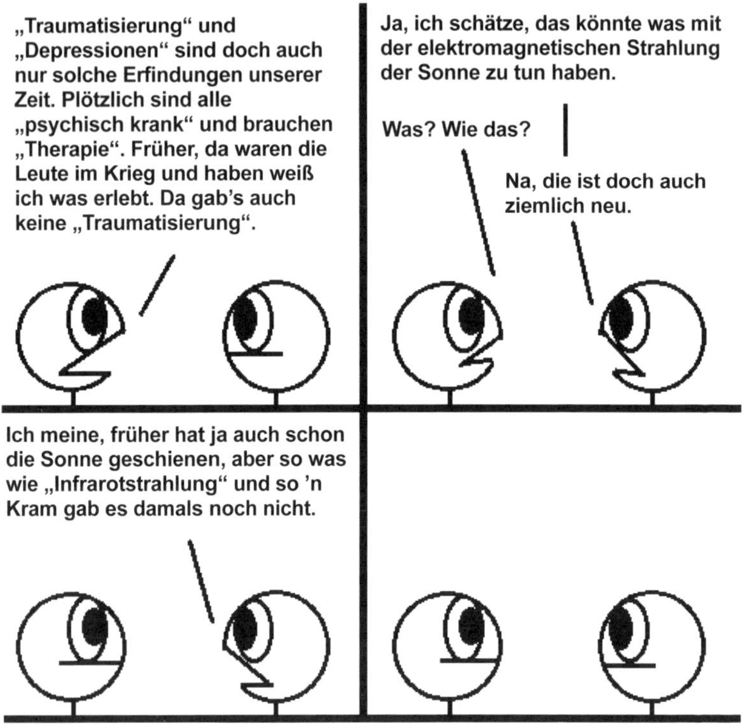

„Traumatisierung“ und „Depressionen“ sind doch auch nur solche Erfindungen unserer Zeit. Plötzlich sind alle „psychisch krank“ und brauchen „Therapie“. Früher, da waren die Leute im Krieg und haben weiß ich was erlebt. Da gab’s auch keine „Traumatisierung“.
Ja, ich schätze, das könnte was mit der elektromagnetischen Strahlung der Sonne zu tun haben.
Was? Wie das?
Na, die ist doch auch ziemlich neu.
Ich meine, früher hat ja auch schon die Sonne geschienen, aber so was wie „Infrarotstrahlung“ und so ’n Kram gab es damals noch nicht.

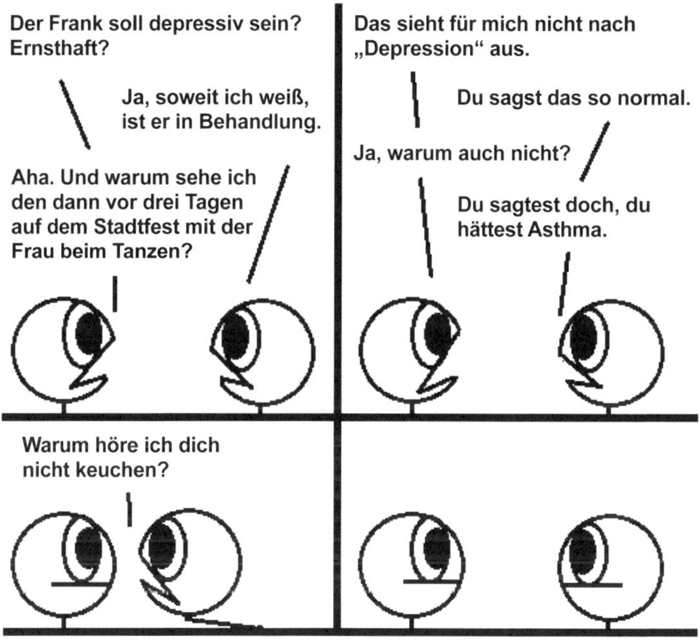
Der Frank soll depressiv sein? Ernsthaft?
Ja, soweit ich weiß, ist er in Behandlung.
Aha. Und warum sehe ich den dann vor drei Tagen auf dem Stadtfest mit der Frau beim Tanzen?
Das sieht für mich nicht nach „Depression“ aus.
Du sagst das so normal.
Ja, warum auch nicht?
Du sagtest doch, du hättest Asthma.
Warum höre ich dich nicht keuchen?

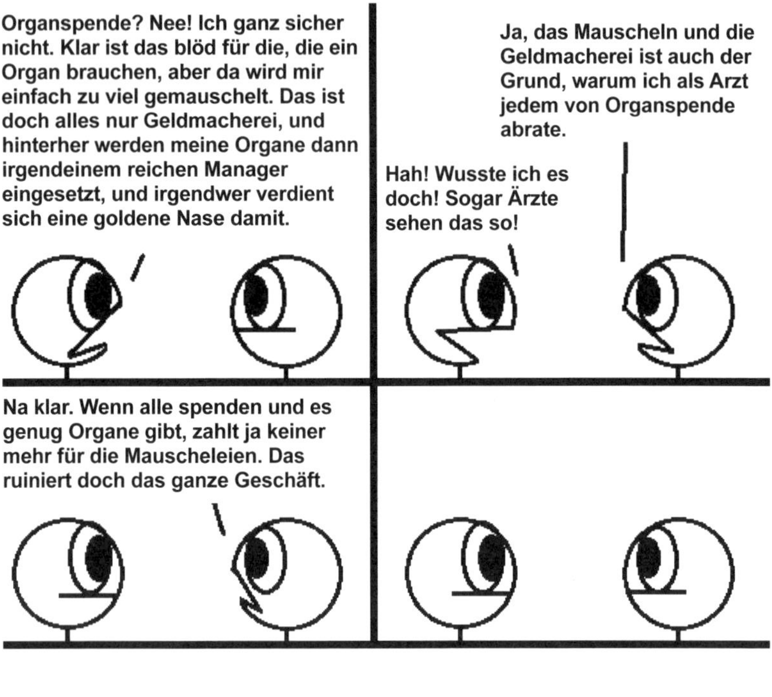
Organspende? Nee! Ich ganz sicher nicht. Klar ist das blöd für die, die ein Organ brauchen, aber da wird mir einfach zu viel gemauschelt. Das ist doch alles nur Geldmacherei, und hinterher werden meine Organe dann irgendeinem reichen Manager eingesetzt, und irgendwer verdient sich eine goldene Nase damit.
Ja, das Mauscheln und die Geldmacherei ist auch der Grund, warum ich als Arzt jedem von Organspende abrate.
Hah! Wusste ich es doch! Sogar Ärzte sehen das so!
Na klar. Wenn alle spenden und es genug Organe gibt, zahlt ja keiner mehr für die Mauscheleien. Das ruiniert doch das ganze Geschäft.

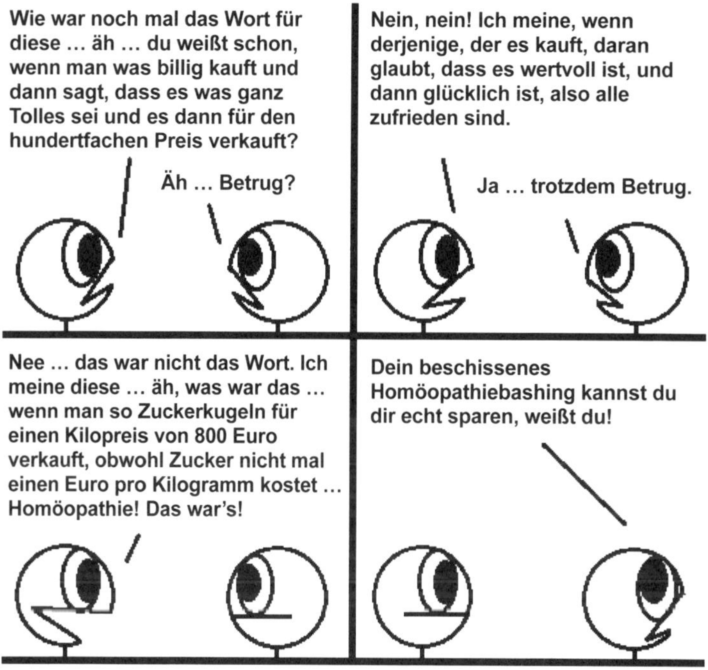
Wie war noch mal das Wort für diese … äh … du weißt schon, wenn man was billig kauft und dann sagt, dass es was ganz Tolles sei und es dann für den hundertfachen Preis verkauft?
Äh … Betrug?
Nein, nein! Ich meine, wenn derjenige, der es kauft, daran glaubt, dass es wertvoll ist, und dann glücklich ist, also alle zufrieden sind.
Ja … trotzdem Betrug.
Nee … das war nicht das Wort. Ich meine diese … äh, was war das … wenn man so Zuckerkugeln für einen Kilopreis von 800 Euro verkauft, obwohl Zucker nicht mal einen Euro pro Kilogramm kostet … Homöopathie! Das war's!
Dein beschissenes Homöopathiebashing kannst du dir echt sparen, weißt du!

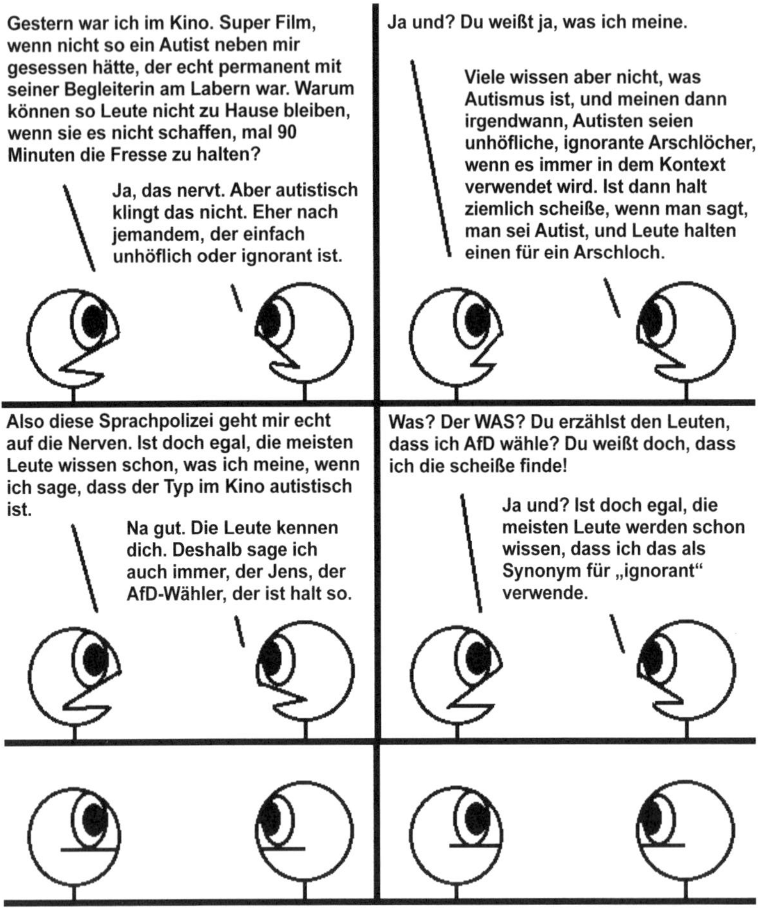
Gestern war ich im Kino. Super Film, wenn nicht so ein Autist neben mir gesessen hätte, der echt permanent mit seiner Begleiterin am Labern war. Warum können so Leute nicht zu Hause bleiben, wenn sie es nicht schaffen, mal 90 Minuten die Fresse zu halten?
Ja, das nervt. Aber autistisch klingt das nicht. Eher nach jemandem, der einfach unhöflich oder ignorant ist.
Ja und? Du weißt ja, was ich meine.
Viele wissen aber nicht, was Autismus ist, und meinen dann irgendwann, Autisten seien unhöfliche, ignorante Arschlöcher, wenn es immer in dem Kontext verwendet wird. Ist dann halt ziemlich scheiße, wenn man sagt, man sei Autist, und Leute halten einen für ein Arschloch.
Also diese Sprachpolizei geht mir echt auf die Nerven. Ist doch egal, die meisten Leute wissen schon, was ich meine, wenn ich sage, dass der Typ im Kino autistisch ist.
Na gut. Die Leute kennen dich. Deshalb sage ich auch immer, der Jens, der AfD-Wähler, der ist halt so.
Was? Der WAS? Du erzählst den Leuten, dass ich AfD wähle? Du weißt doch, dass ich die scheiße finde!
Ja und? Ist doch egal, die meisten Leute werden schon wissen, dass ich das als Synonym für „ignorant“ verwende.

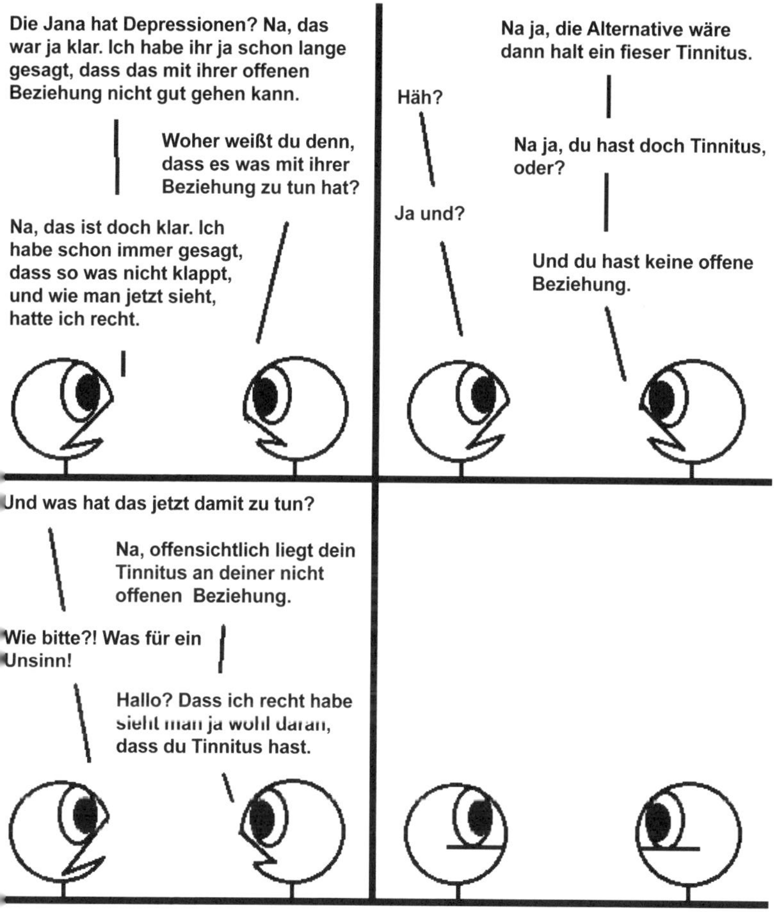
Die Jana hat Depressionen? Na, das war ja klar. Ich habe ihr ja schon lange gesagt, dass das mit ihrer offenen Beziehung nicht gut gehen kann.
Woher weißt du denn, dass es was mit ihrer Beziehung zu tun hat?
Na, das ist doch klar. Ich habe schon immer gesagt, dass so was nicht klappt, und wie man jetzt sieht, hatte ich recht.
Häh?
Na ja, die Alternative wäre dann halt ein fieser Tinnitus.
Ja und?
Na ja, du hast doch Tinnitus, oder?
Und du hast keine offene Beziehung.
Und was hat das jetzt damit zu tun?
Na, offensichtlich liegt dein Tinnitus an deiner nicht offenen Beziehung.
Wie bitte?! Was für ein Unsinn!
Hallo? Dass ich recht habe sieht man ja wohl daran, dass du Tinnitus hast.

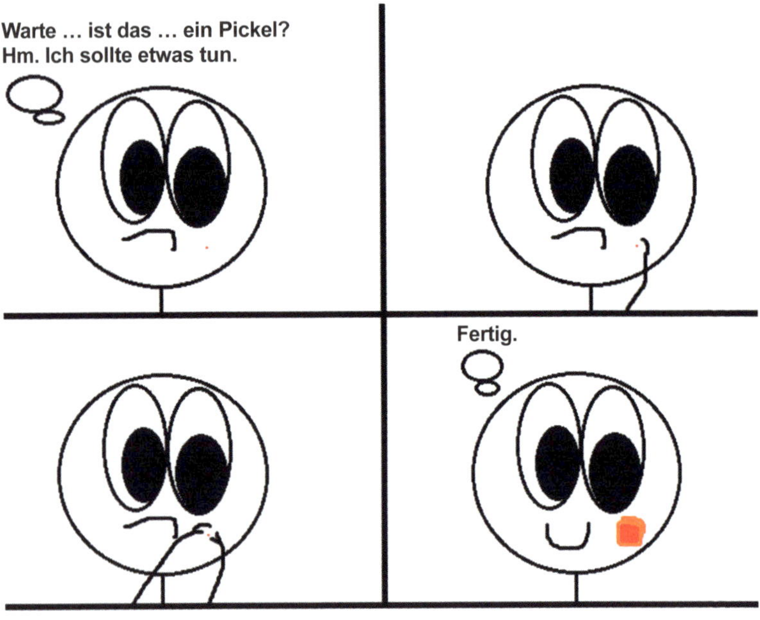
Warte … ist das … ein Pickel?
Hm. Ich sollte etwas tun.
Fertig.

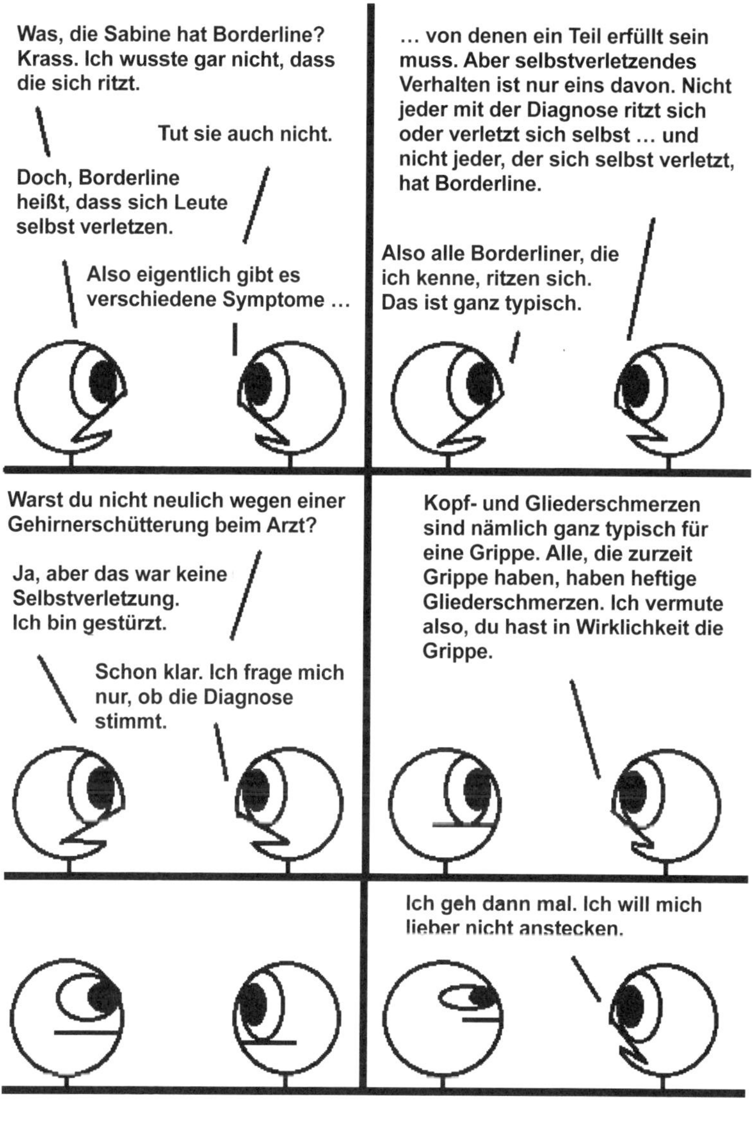

Was, die Sabine hat Borderline? Krass. Ich wusste gar nicht, dass die sich ritzt.
Tut sie auch nicht.
Doch, Borderline heißt, dass sich Leute selbst verletzen.
Also eigentlich gibt es verschiedene Symptome …
… von denen ein Teil erfüllt sein muss. Aber selbstverletzendes Verhalten ist nur eins davon. Nicht jeder mit der Diagnose ritzt sich oder verletzt sich selbst … und nicht jeder, der sich selbst verletzt, hat Borderline.
Also alle Borderliner, die ich kenne, ritzen sich. Das ist ganz typisch.
Warst du nicht neulich wegen einer Gehirnerschütterung beim Arzt?
Ja, aber das war keine Selbstverletzung. Ich bin gestürzt.
Schon klar. Ich frage mich nur, ob die Diagnose stimmt.
Kopf- und Gliederschmerzen sind nämlich ganz typisch für eine Grippe. Alle, die zurzeit Grippe haben, haben heftige Gliederschmerzen. Ich vermute also, du hast in Wirklichkeit die Grippe.
Ich geh dann mal. Ich will mich lieber nicht anstecken.

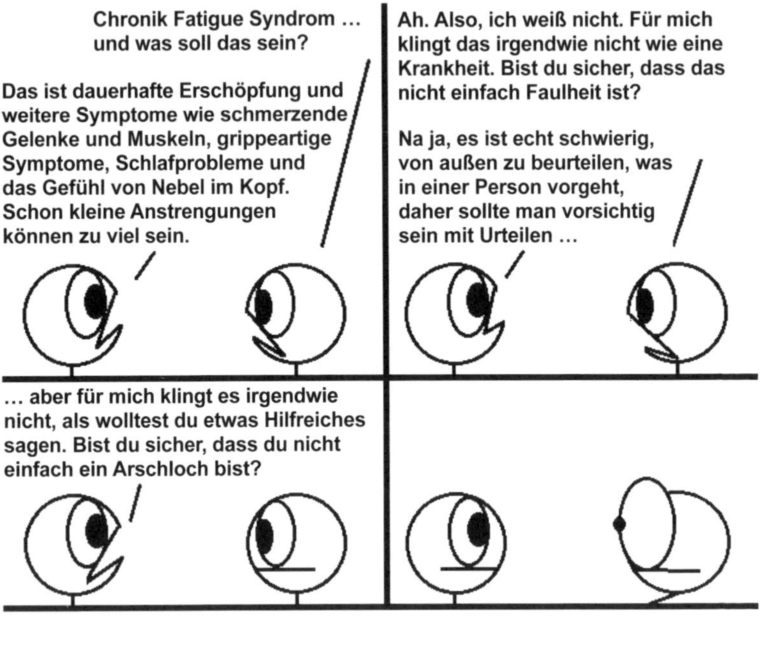
Chronik Fatigue Syndrom …
und was soll das sein?
Das ist dauerhafte Erschöpfung und weitere Symptome wie schmerzende Gelenke und Muskeln, grippeartige Symptome, Schlafprobleme und das Gefühl von Nebel im Kopf. Schon kleine Anstrengungen können zu viel sein.
Ah. Also, ich weiß nicht. Für mich klingt das irgendwie nicht wie eine Krankheit. Bist du sicher, dass das nicht einfach Faulheit ist?
Na ja, es ist echt schwierig, von außen zu beurteilen, was in einer Person vorgeht, daher sollte man vorsichtig sein mit Urteilen …
… aber für mich klingt es irgendwie nicht, als wolltest du etwas Hilfreiches sagen. Bist du sicher, dass du nicht einfach ein Arschloch bist?

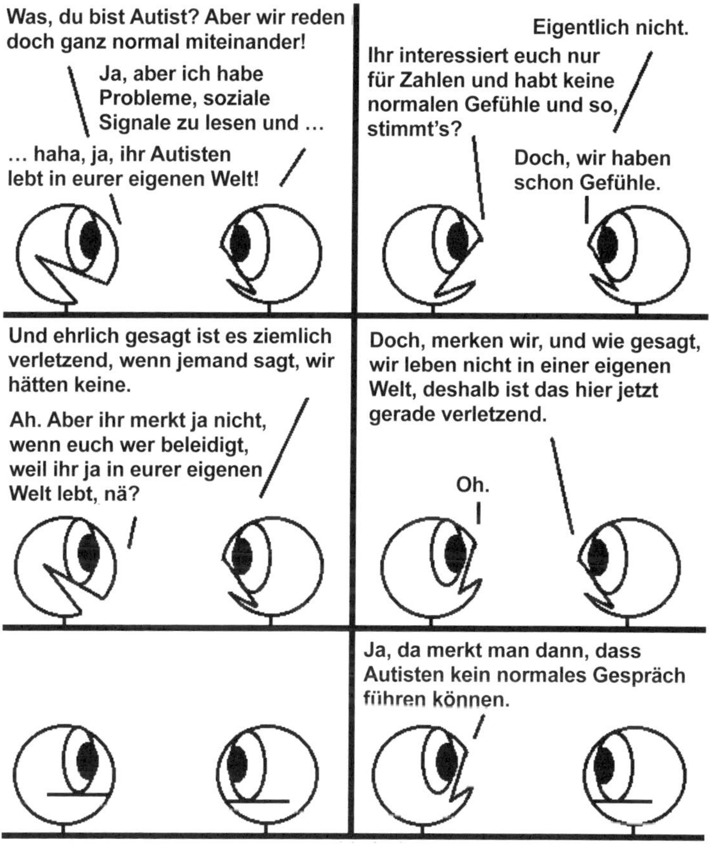

Was, du bist Autist? Aber wir reden doch ganz normal miteinander!
Ja, aber ich habe Probleme, soziale Signale zu lesen und …
… haha, ja, ihr Autisten lebt in eurer eigenen Welt!
Ihr interessiert euch nur für Zahlen und habt keine normalen Gefühle und so, stimmt's?
Eigentlich nicht.
Doch, wir haben schon Gefühle.
Und ehrlich gesagt ist es ziemlich verletzend, wenn jemand sagt, wir hätten keine.
Ah. Aber ihr merkt ja nicht, wenn euch wer beleidigt, weil ihr ja in eurer eigenen Welt lebt, nä?
Doch, merken wir, und wie gesagt, wir leben nicht in einer eigenen Welt, deshalb ist das hier jetzt gerade verletzend.
Oh.
Ja, da merkt man dann, dass Autisten kein normales Gespräch führen können.

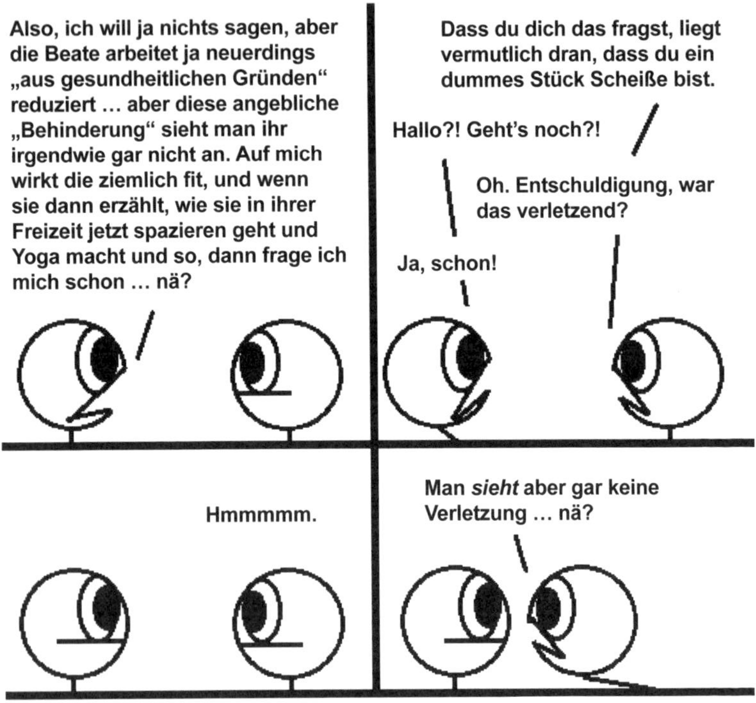
Also, ich will ja nichts sagen, aber die Beate arbeitet ja neuerdings „aus gesundheitlichen Gründen" reduziert … aber diese angebliche „Behinderung" sieht man ihr irgendwie gar nicht an. Auf mich wirkt die ziemlich fit, und wenn sie dann erzählt, wie sie in ihrer Freizeit jetzt spazieren geht und Yoga macht und so, dann frage ich mich schon … nä?
Dass du dich das fragst, liegt vermutlich dran, dass du ein dummes Stück Scheiße bist.
Hallo?! Geht's noch?!
Oh. Entschuldigung, war das verletzend?
Ja, schon!
Hmmmmm.
Man *sieht* aber gar keine Verletzung … nä?

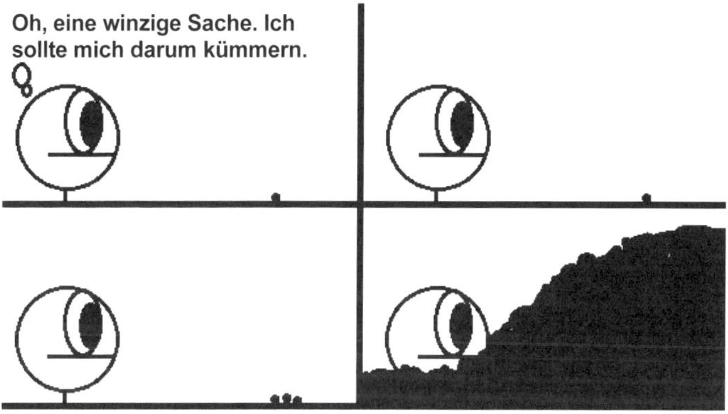
Oh, eine winzige Sache. Ich sollte mich darum kümmern.

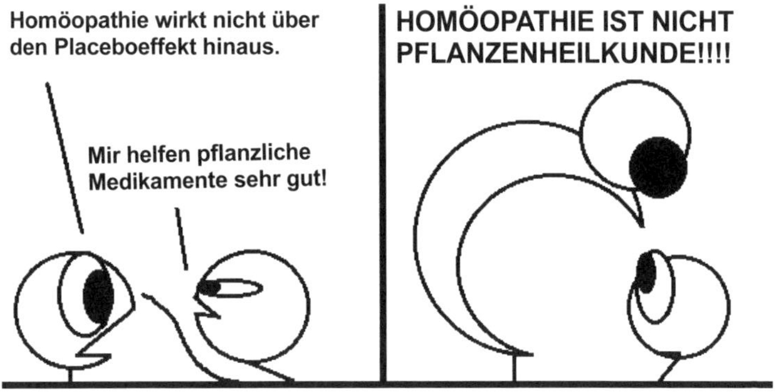
Homöopathie wirkt nicht über den Placeboeffekt hinaus.
Mir helfen pflanzliche Medikamente sehr gut!
HOMÖOPATHIE IST NICHT PFLANZENHEILKUNDE!!!!

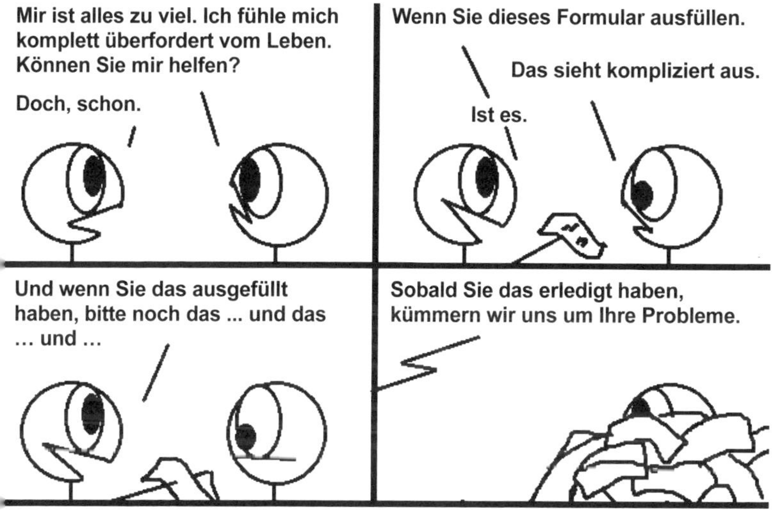
Mir ist alles zu viel. Ich fühle mich komplett überfordert vom Leben. Können Sie mir helfen?
Doch, schon.
Wenn Sie dieses Formular ausfüllen.
Das sieht kompliziert aus.
Ist es.
Und wenn Sie das ausgefüllt haben, bitte noch das ... und das … und …
Sobald Sie das erledigt haben, kümmern wir uns um Ihre Probleme.

KAPITEL 3

INTERNET

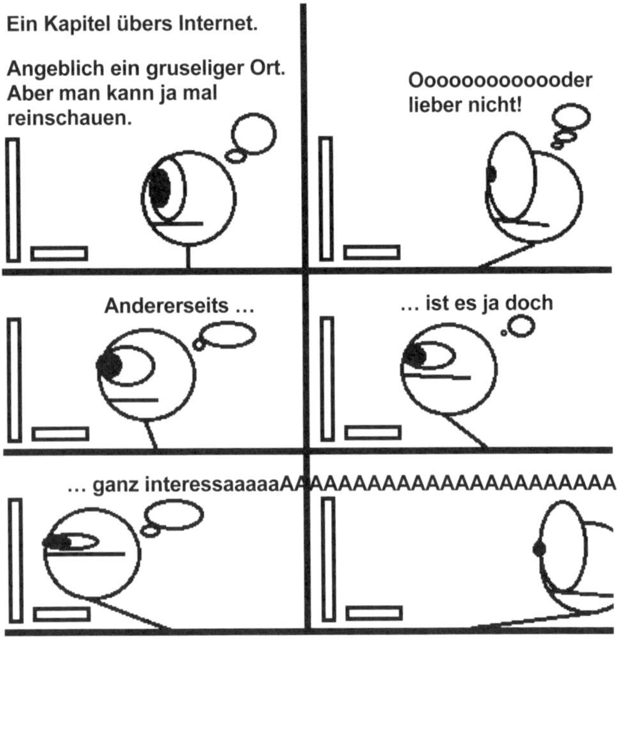

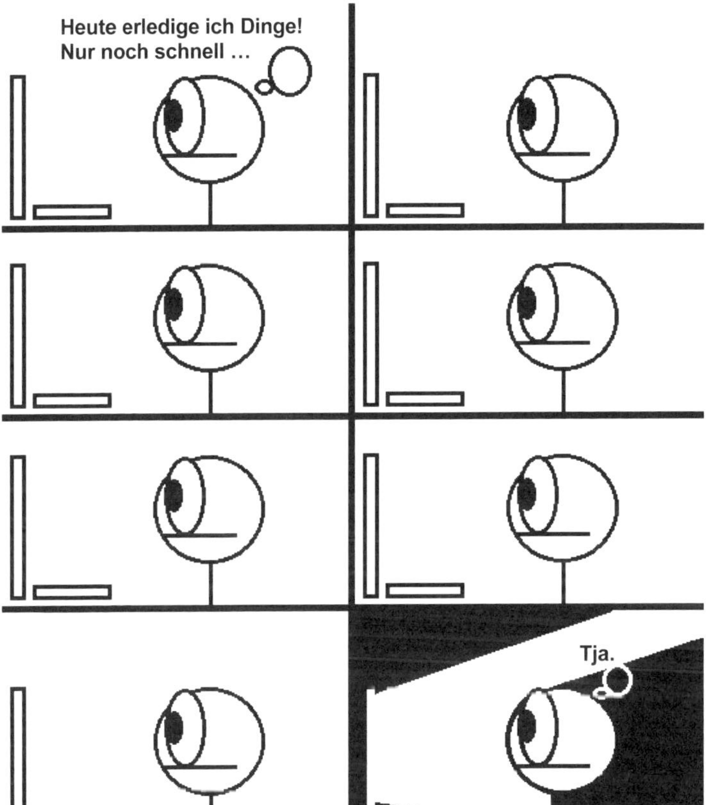

Heute erledige ich Dinge!
Nur noch schnell …
Tja.

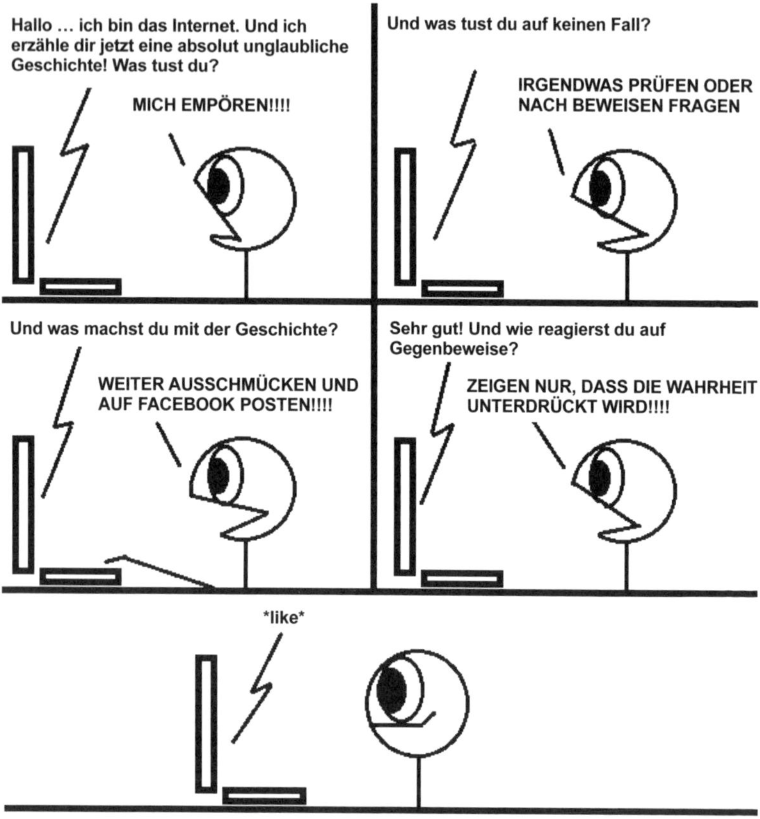
Hallo … ich bin das Internet. Und ich erzähle dir jetzt eine absolut unglaubliche Geschichte! Was tust du?
MICH EMPÖREN!!!!
Und was tust du auf keinen Fall?
IRGENDWAS PRÜFEN ODER NACH BEWEISEN FRAGEN
Und was machst du mit der Geschichte?
WEITER AUSSCHMÜCKEN UND AUF FACEBOOK POSTEN!!!!
Sehr gut! Und wie reagierst du auf Gegenbeweise?
ZEIGEN NUR, DASS DIE WAHRHEIT UNTERDRÜCKT WIRD!!!!
like

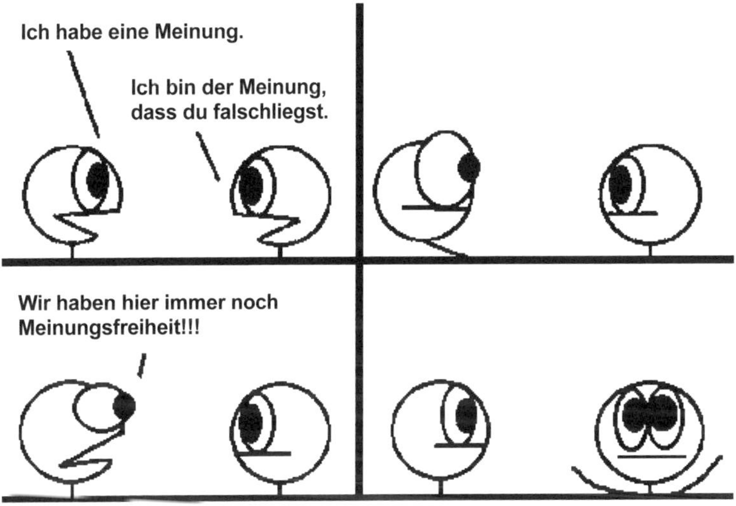
Ich habe eine Meinung.
Ich bin der Meinung, dass du falschliegst.
Wir haben hier immer noch Meinungsfreiheit!!!

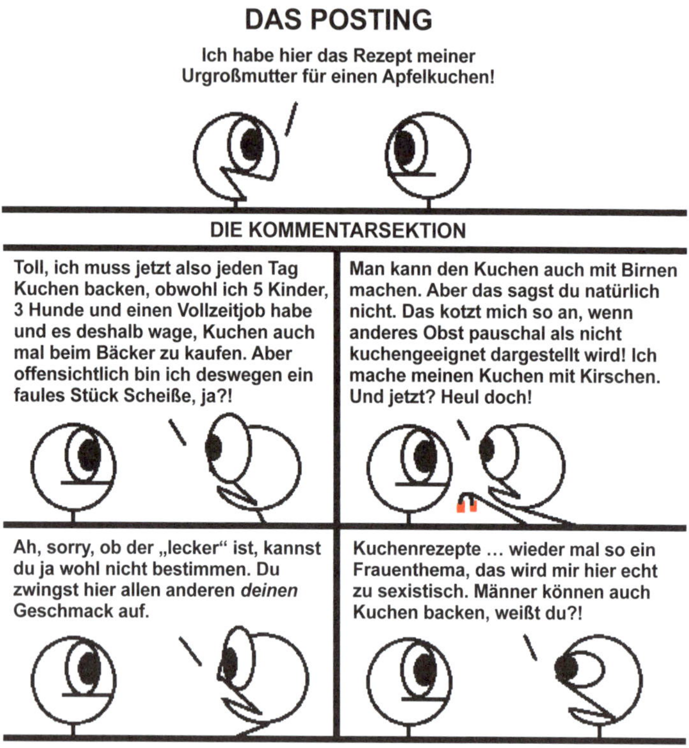
DAS POSTING
Ich habe hier das Rezept meiner Urgroßmutter für einen Apfelkuchen!
DIE KOMMENTARSEKTION
Toll, ich muss jetzt also jeden Tag Kuchen backen, obwohl ich 5 Kinder, 3 Hunde und einen Vollzeitjob habe und es deshalb wage, Kuchen auch mal beim Bäcker zu kaufen. Aber offensichtlich bin ich deswegen ein faules Stück Scheiße, ja?!
Man kann den Kuchen auch mit Birnen machen. Aber das sagst du natürlich nicht. Das kotzt mich so an, wenn anderes Obst pauschal als nicht kuchengeeignet dargestellt wird! Ich mache meinen Kuchen mit Kirschen. Und jetzt? Heul doch!
Ah, sorry, ob der „lecker“ ist, kannst du ja wohl nicht bestimmen. Du zwingst hier allen anderen *deinen* Geschmack auf.
Kuchenrezepte … wieder mal so ein Frauenthema, das wird mir hier echt zu sexistisch. Männer können auch Kuchen backen, weißt du?!

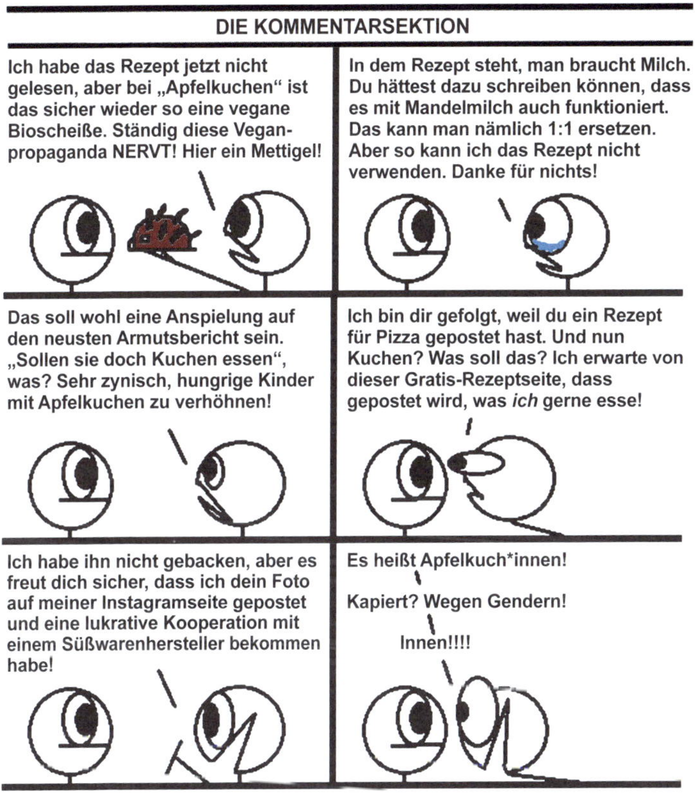
DIE KOMMENTARSEKTION
Ich habe das Rezept jetzt nicht gelesen, aber bei „Apfelkuchen“ ist das sicher wieder so eine vegane Bioscheiße. Ständig diese Veganpropaganda NERVT! Hier ein Mettigel!
In dem Rezept steht, man braucht Milch. Du hättest dazu schreiben können, dass es mit Mandelmilch auch funktioniert. Das kann man nämlich 1:1 ersetzen. Aber so kann ich das Rezept nicht verwenden. Danke für nichts!
Das soll wohl eine Anspielung auf den neusten Armutsbericht sein. „Sollen sie doch Kuchen essen“, was? Sehr zynisch, hungrige Kinder mit Apfelkuchen zu verhöhnen!
Ich bin dir gefolgt, weil du ein Rezept für Pizza gepostet hast. Und nun Kuchen? Was soll das? Ich erwarte von dieser Gratis-Rezeptseite, dass gepostet wird, was *ich* gerne esse!
Ich habe ihn nicht gebacken, aber es freut dich sicher, dass ich dein Foto auf meiner Instagramseite gepostet und eine lukrative Kooperation mit einem Süßwarenhersteller bekommen habe!
Es heißt Apfelkuch*innen!
Kapiert? Wegen Gendern!
Innen!!!!

DIE BEWERTUNGEN

★★★★★

Geschmacklich hervorragend! Ich habe allerdings die Äpfel durch Kirschen ersetzt, anstatt Zucker Süßstoff und Vanillearoma genommen, das Mehl habe ich halbiert und gemahlene Mandeln dazugegeben.

★☆☆☆☆

Ekelhaft. Schmeckte penetrant nach Äpfeln! Ich hätte diesen Kuchen nie gebacken, wenn ich geahnt hätte, dass Äpfel darin enthalten sind. Bitte in Zukunft einen entsprechenden Hinweis!

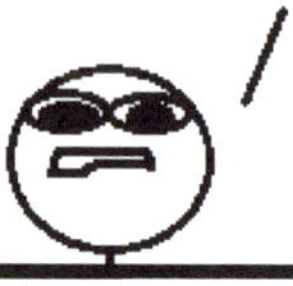

★★☆☆☆

Ich habe das Rezept nicht ausprobiert, aber wenn ich mir die Zutaten anschaue, denke ich, der Kuchen ist zu trocken und zu wenig süß. Ich verstehe die guten Bewertungen nicht.

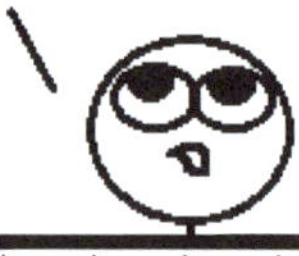

★☆☆☆☆

Habe beim Backen festgestellt, dass kein Mehl mehr da war und habe stattdessen eine Brotbackmischung verwendet. Hat leider gar nicht geschmeckt.

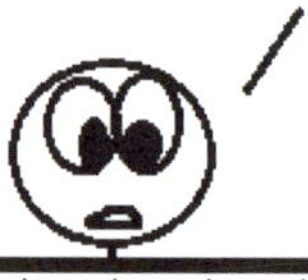

★★★☆☆

Sehr lecker! 2 Sterne Abzug, weil der Hund von dem übrig gebliebenen Stück Durchfall bekommen hat.

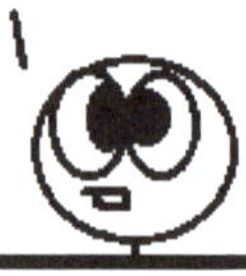

★★☆☆☆

Ich war enttäuscht über die langweiligen Zutaten von „Urgroßmutters Apfelkuchen“. Warum kein Quinoa oder Chiasamen?

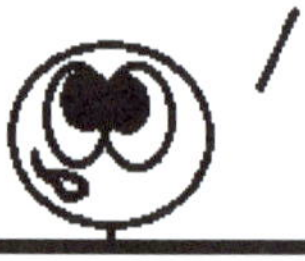

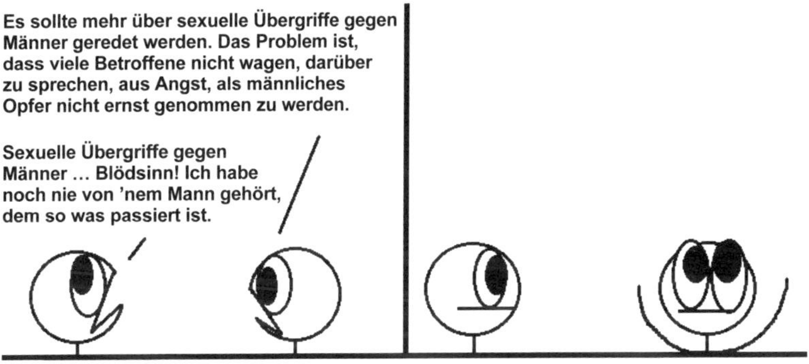

Es sollte mehr über sexuelle Übergriffe gegen Männer geredet werden. Das Problem ist, dass viele Betroffene nicht wagen, darüber zu sprechen, aus Angst, als männliches Opfer nicht ernst genommen zu werden.
Sexuelle Übergriffe gegen Männer … Blödsinn! Ich habe noch nie von 'nem Mann gehört, dem so was passiert ist.

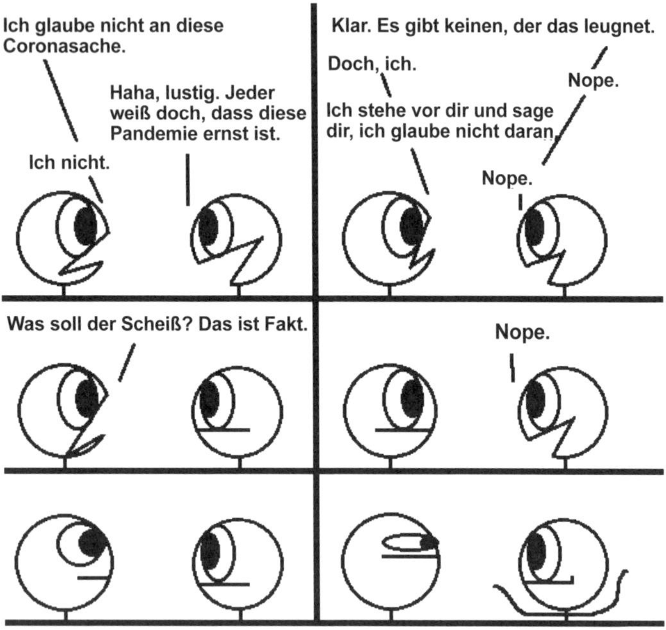
Ich glaube nicht an diese Coronasache.
Haha, lustig. Jeder weiß doch, dass diese Pandemie ernst ist.
Ich nicht.
Klar. Es gibt keinen, der das leugnet.
Doch, ich.
Nope.
Ich stehe vor dir und sage dir, ich glaube nicht daran.
Nope.
Was soll der Scheiß? Das ist Fakt.
Nope.

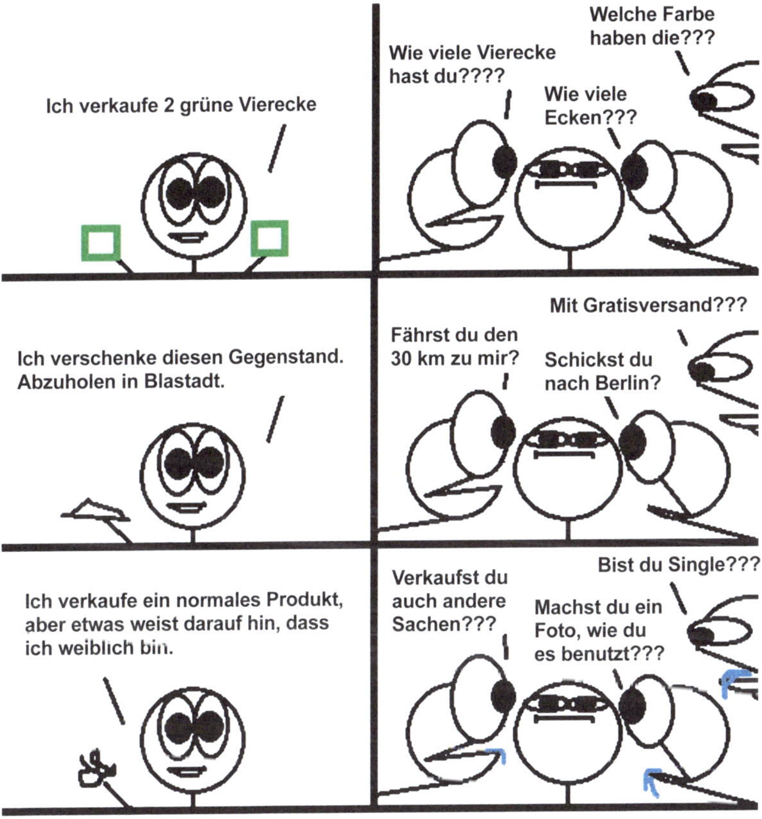
Ich verkaufe 2 grüne Vierecke
Wie viele Vierecke hast du????
Wie viele Ecken???
Welche Farbe haben die???
Ich verschenke diesen Gegenstand. Abzuholen in Blastadt.
Fährst du den 30 km zu mir?
Schickst du nach Berlin?
Mit Gratisversand???
Ich verkaufe ein normales Produkt, aber etwas weist darauf hin, dass ich weiblich bin.
Verkaufst du auch andere Sachen???
Machst du ein Foto, wie du es benutzt???
Bist du Single???

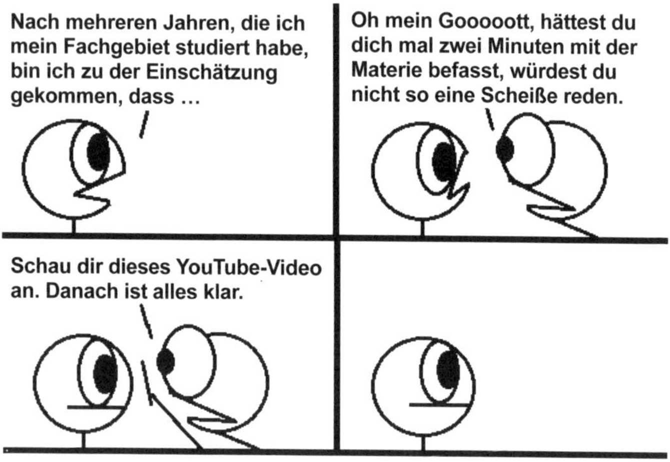
Nach mehreren Jahren, die ich mein Fachgebiet studiert habe, bin ich zu der Einschätzung gekommen, dass …
Oh mein Gooooott, hättest du dich mal zwei Minuten mit der Materie befasst, würdest du nicht so eine Scheiße reden.
Schau dir dieses YouTube-Video an. Danach ist alles klar.

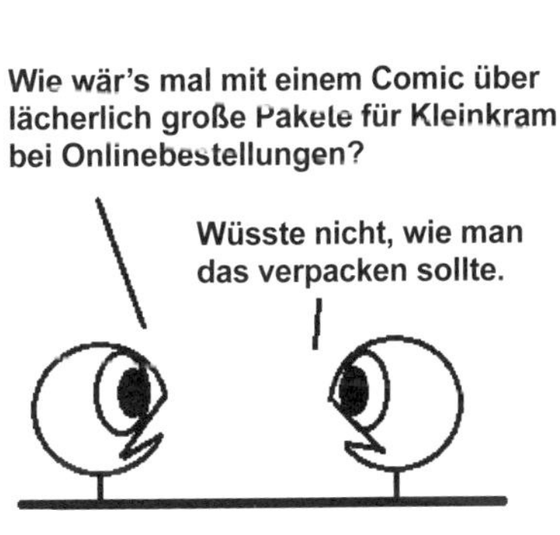
Wie wär's mal mit einem Comic über lächerlich große Pakete für Kleinkram bei Onlinebestellungen?
Wüsste nicht, wie man das verpacken sollte.

★☆☆☆☆

„Blutgemetzel im Horrorschlachthaus“ enthielt brutale Szenen, die meine Fünfjährige verängstigt haben. Absolut ungeeignet als Gutenachtgeschichten-Buch!

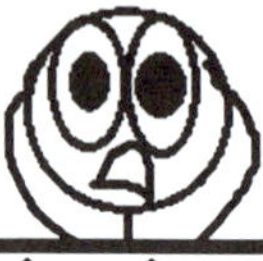

★★★☆☆

„Vegetarische Rezepte“ ist klasse, mit superleckeren Rezepten. Zwei Sterne Abzug, weil nichts über das Braten von Steaks und Schweineschnitzel darin vorkam.

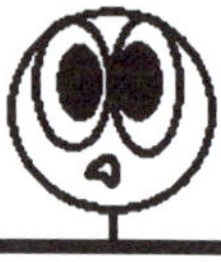

★☆☆☆☆

Ein Stern, weil der Postbote bei der Lieferung nicht gegrüßt hat!

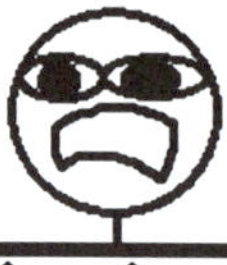

★☆☆☆☆

Auf dem Bild war es grün, in der Beschreibung stand grün, und in den Rezensionen wurde mehrfach das Grün erwähnt. Ein Stern, weil das Produkt überraschenderweise grün war!

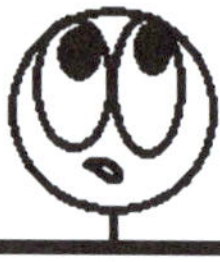

★★★★★

Einer der besten Krimis, die ich je gelesen habe. Ich habe noch nie so eine überraschende Wendung erlebt wie die, dass die Mutter am Ende eigentlich der Bruder der Toten war!

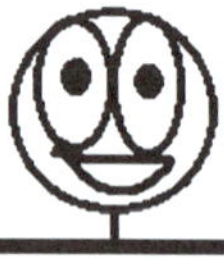

★☆☆☆☆

Ich hatte mal eine ähnliche Idee, die ich dann nie umgesetzt habe. Total unfair, dass dieses Buch nun ein Bestseller ist. Hätte ich es geschrieben, wäre es besser.

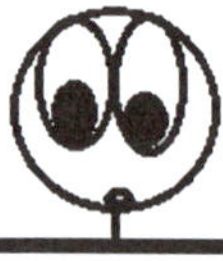

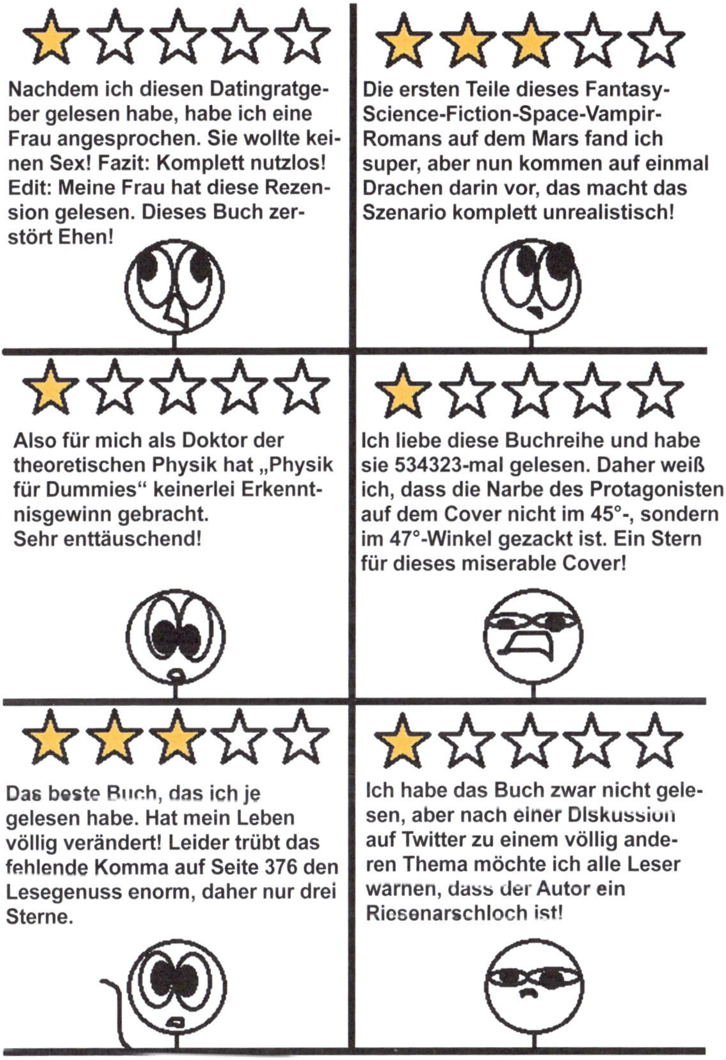
Nachdem ich diesen Datingratgeber gelesen habe, habe ich eine Frau angesprochen. Sie wollte keinen Sex! Fazit: Komplett nutzlos! Edit: Meine Frau hat diese Rezension gelesen. Dieses Buch zerstört Ehen!
Die ersten Teile dieses Fantasy-Science-Fiction-Space-Vampir-Romans auf dem Mars fand ich super, aber nun kommen auf einmal Drachen darin vor, das macht das Szenario komplett unrealistisch!
Also für mich als Doktor der theoretischen Physik hat „Physik für Dummies“ keinerlei Erkenntnisgewinn gebracht. Sehr enttäuschend!
Ich liebe diese Buchreihe und habe sie 534323-mal gelesen. Daher weiß ich, dass die Narbe des Protagonisten auf dem Cover nicht im 45°-, sondern im 47°-Winkel gezackt ist. Ein Stern für dieses miserable Cover!
Das beste Buch, das ich je gelesen habe. Hat mein Leben völlig verändert! Leider trübt das fehlende Komma auf Seite 376 den Lesegenuss enorm, daher nur drei Sterne.
Ich habe das Buch zwar nicht gelesen, aber nach einer Diskussion auf Twitter zu einem völlig anderen Thema möchte ich alle Leser warnen, dass der Autor ein Riesenarschloch ist!

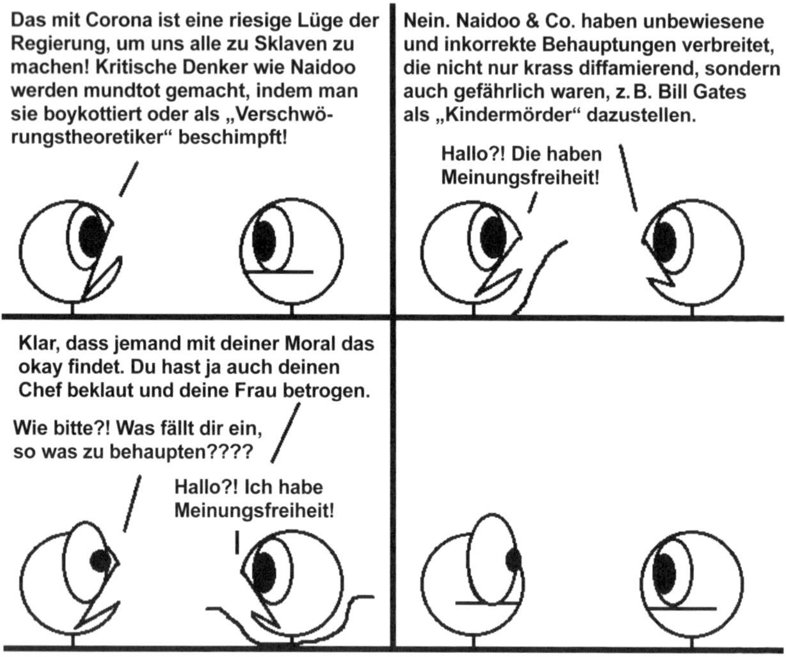
Das mit Corona ist eine riesige Lüge der Regierung, um uns alle zu Sklaven zu machen! Kritische Denker wie Naidoo werden mundtot gemacht, indem man sie boykottiert oder als „Verschwörungstheoretiker“ beschimpft!
Nein. Naidoo & Co. haben unbewiesene und inkorrekte Behauptungen verbreitet, die nicht nur krass diffamierend, sondern auch gefährlich waren, z. B. Bill Gates als „Kindermörder“ dazustellen.
Hallo?! Die haben Meinungsfreiheit!
Klar, dass jemand mit deiner Moral das okay findet. Du hast ja auch deinen Chef beklaut und deine Frau betrogen.
Wie bitte?! Was fällt dir ein, so was zu behaupten????
Hallo?! Ich habe Meinungsfreiheit!

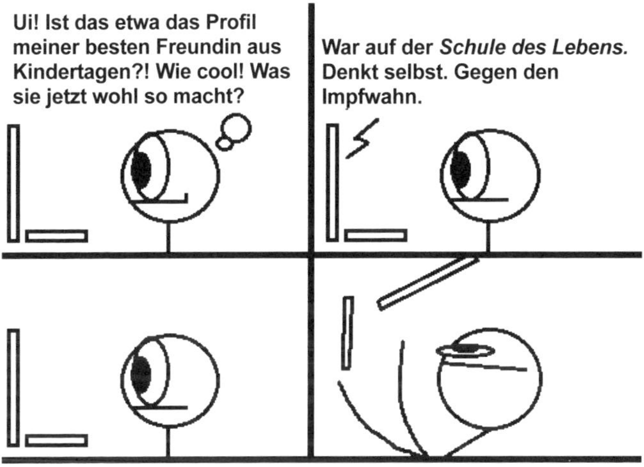
Ui! Ist das etwa das Profil meiner besten Freundin aus Kindertagen?! Wie cool! Was sie jetzt wohl so macht?
War auf der *Schule des Lebens.* Denkt selbst. Gegen den Impfwahn.

KAPITEL 4

POLITIK

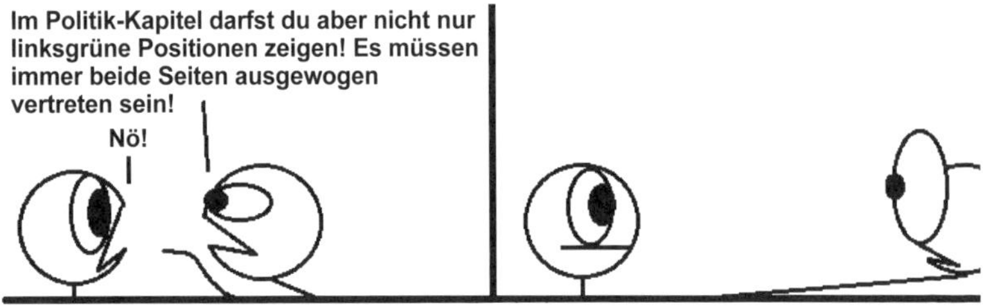

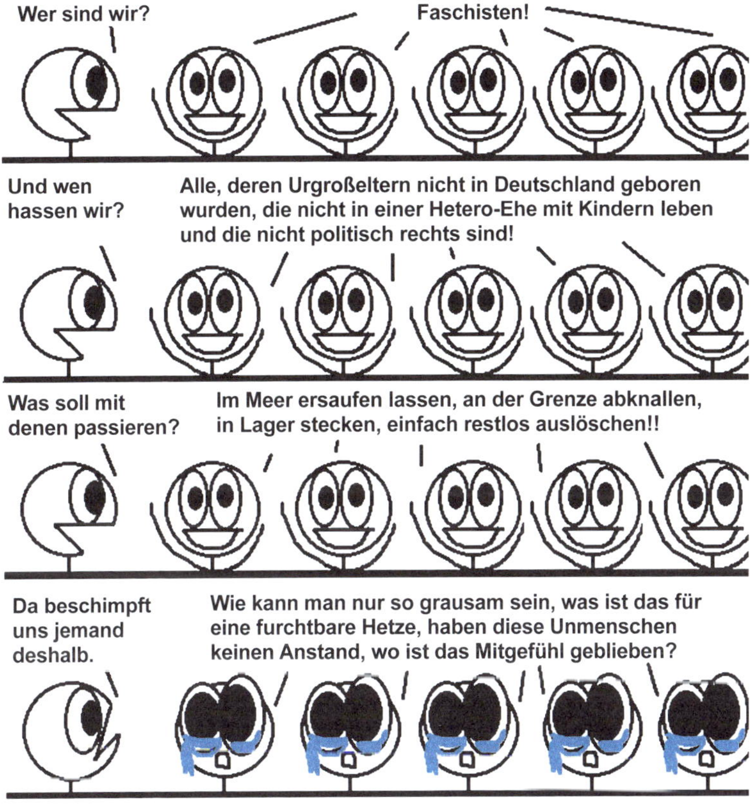
Wer sind wir?
Faschisten!
Und wen hassen wir?
Alle, deren Urgroßeltern nicht in Deutschland geboren wurden, die nicht in einer Hetero-Ehe mit Kindern leben und die nicht politisch rechts sind!
Was soll mit denen passieren?
Im Meer ersaufen lassen, an der Grenze abknallen, in Lager stecken, einfach restlos auslöschen!!
Da beschimpft uns jemand deshalb.
Wie kann man nur so grausam sein, was ist das für eine furchtbare Hetze, haben diese Unmenschen keinen Anstand, wo ist das Mitgefühl geblieben?

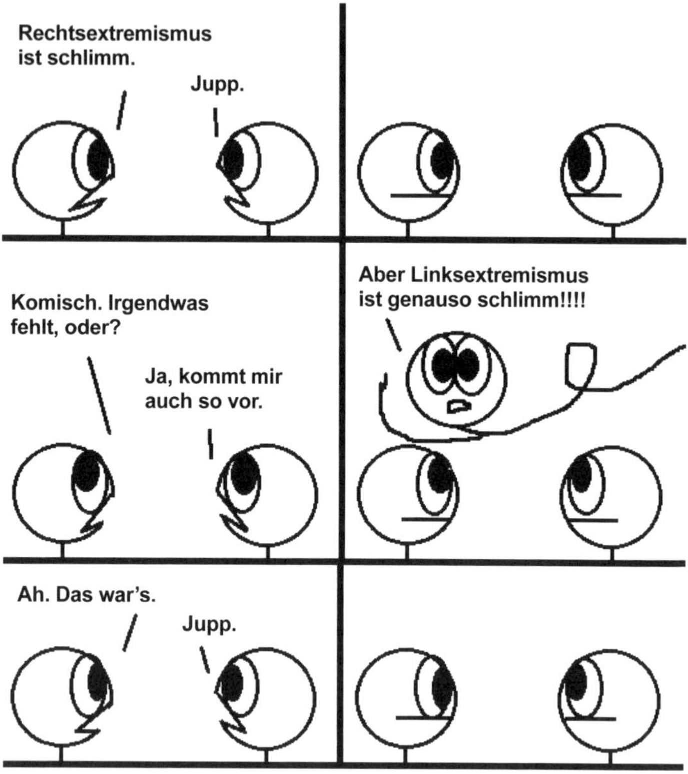
Rechtsextremismus ist schlimm.
Jupp.
Komisch. Irgendwas fehlt, oder?
Ja, kommt mir auch so vor.
Aber Linksextremismus ist genauso schlimm!!!!
Ah. Das war's.
Jupp.

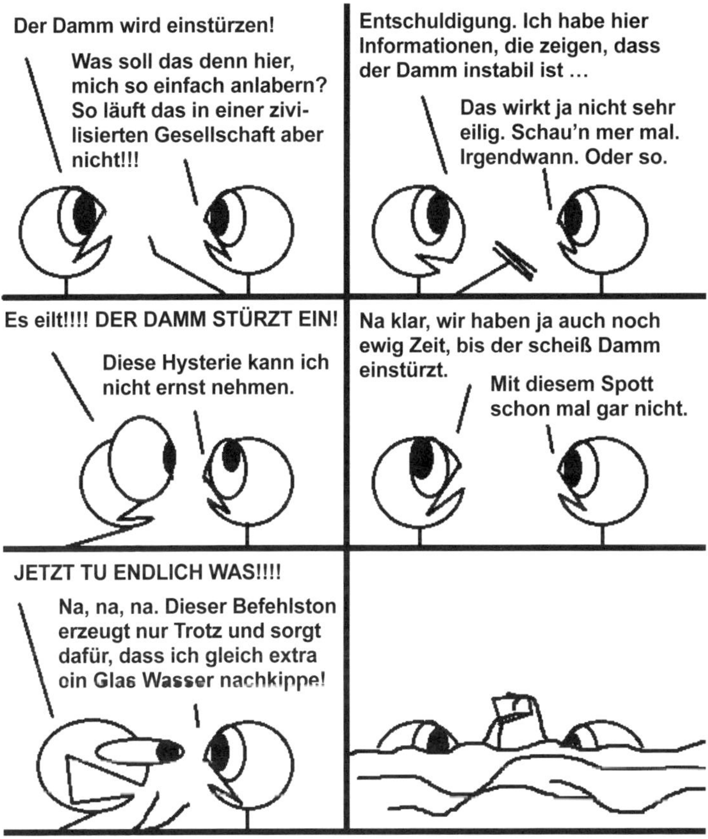
Der Damm wird einstürzen!
Was soll das denn hier, mich so einfach anlabern? So läuft das in einer zivilisierten Gesellschaft aber nicht!!!
Entschuldigung. Ich habe hier Informationen, die zeigen, dass der Damm instabil ist …
Das wirkt ja nicht sehr eilig. Schau'n mer mal. Irgendwann. Oder so.
Es eilt!!!! DER DAMM STÜRZT EIN!
Diese Hysterie kann ich nicht ernst nehmen.
Na klar, wir haben ja auch noch ewig Zeit, bis der scheiß Damm einstürzt.
Mit diesem Spott schon mal gar nicht.
JETZT TU ENDLICH WAS!!!!
Na, na, na. Dieser Befehlston erzeugt nur Trotz und sorgt dafür, dass ich gleich extra ein Glas Wasser nachkippe!

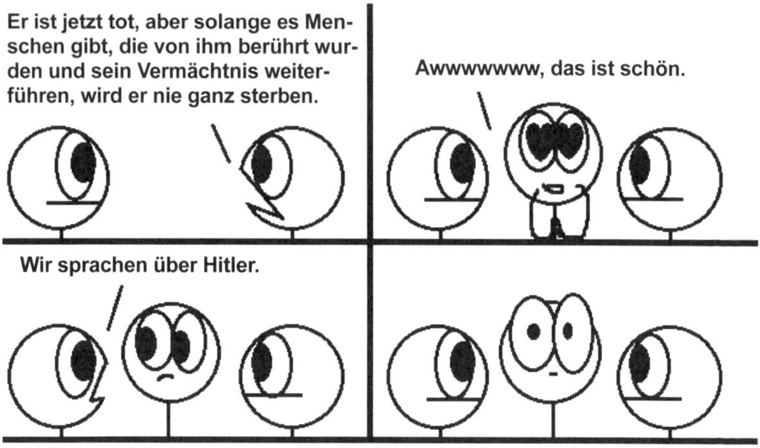

Er ist jetzt tot, aber solange es Menschen gibt, die von ihm berührt wurden und sein Vermächtnis weiterführen, wird er nie ganz sterben.
Awwwwwww, das ist schön.
Wir sprachen über Hitler.

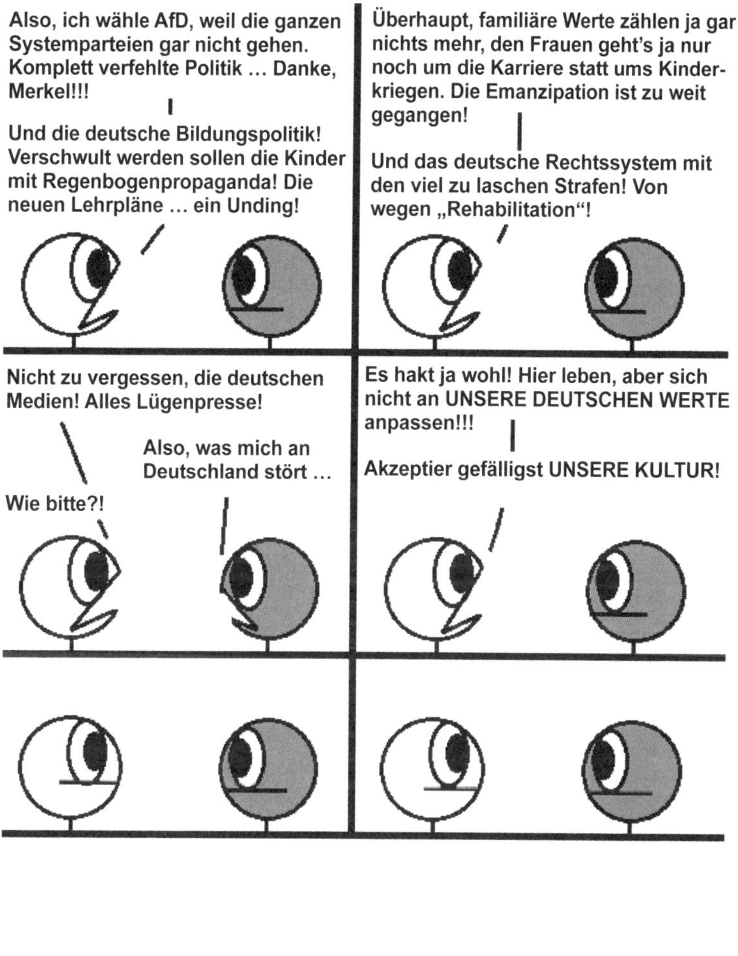
Also, ich wähle AfD, weil die ganzen Systemparteien gar nicht gehen. Komplett verfehlte Politik … Danke, Merkel!!!
Und die deutsche Bildungspolitik! Verschwult werden sollen die Kinder mit Regenbogenpropaganda! Die neuen Lehrpläne … ein Unding!
Überhaupt, familiäre Werte zählen ja gar nichts mehr, den Frauen geht's ja nur noch um die Karriere statt ums Kinderkriegen. Die Emanzipation ist zu weit gegangen!
Und das deutsche Rechtssystem mit den viel zu laschen Strafen! Von wegen „Rehabilitation"!
Nicht zu vergessen, die deutschen Medien! Alles Lügenpresse!
Also, was mich an Deutschland stört …
Wie bitte?!
Es hakt ja wohl! Hier leben, aber sich nicht an UNSERE DEUTSCHEN WERTE anpassen!!!
Akzeptier gefälligst UNSERE KULTUR!

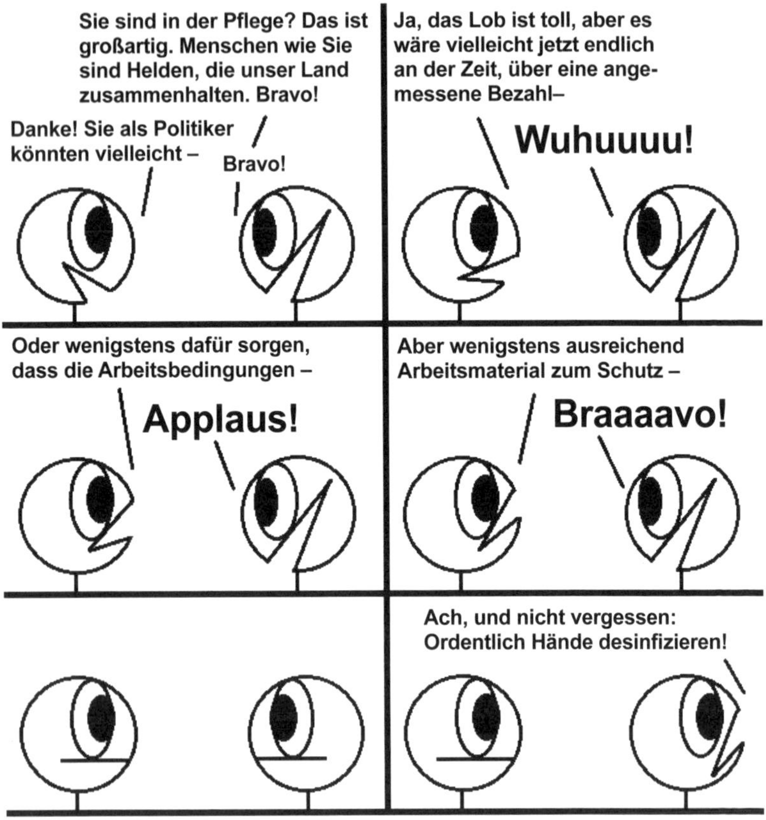
Sie sind in der Pflege? Das ist großartig. Menschen wie Sie sind Helden, die unser Land zusammenhalten. Bravo!
Danke! Sie als Politiker könnten vielleicht –
Bravo!
Ja, das Lob ist toll, aber es wäre vielleicht jetzt endlich an der Zeit, über eine angemessene Bezahl–
Wuhuuuu!
Oder wenigstens dafür sorgen, dass die Arbeitsbedingungen –
Applaus!
Aber wenigstens ausreichend Arbeitsmaterial zum Schutz –
Braaaavo!
Ach, und nicht vergessen: Ordentlich Hände desinfizieren!

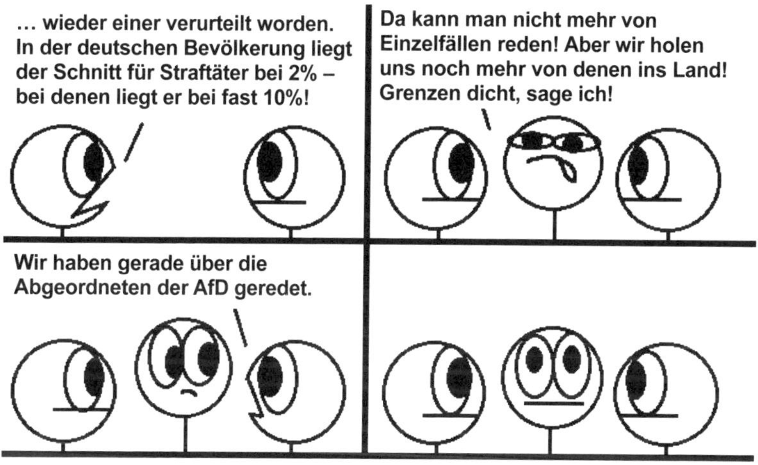
… wieder einer verurteilt worden. In der deutschen Bevölkerung liegt der Schnitt für Straftäter bei 2% – bei denen liegt er bei fast 10%!
Da kann man nicht mehr von Einzelfällen reden! Aber wir holen uns noch mehr von denen ins Land! Grenzen dicht, sage ich!
Wir haben gerade über die Abgeordneten der AfD geredet.

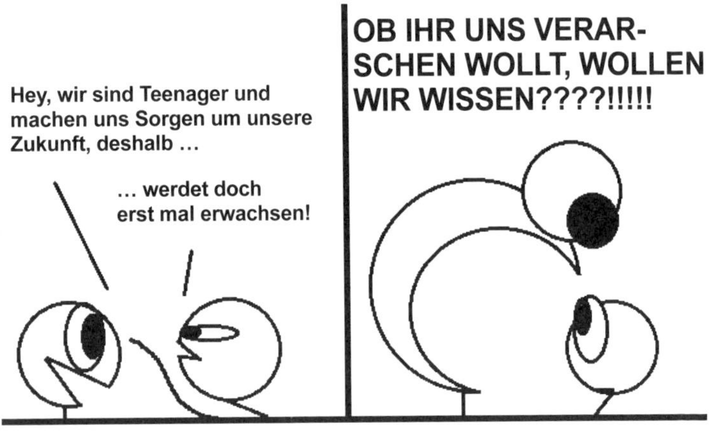
Hey, wir sind Teenager und machen uns Sorgen um unsere Zukunft, deshalb …
… werdet doch erst mal erwachsen!
OB IHR UNS VERAR-SCHEN WOLLT, WOLLEN WIR WISSEN????!!!!!

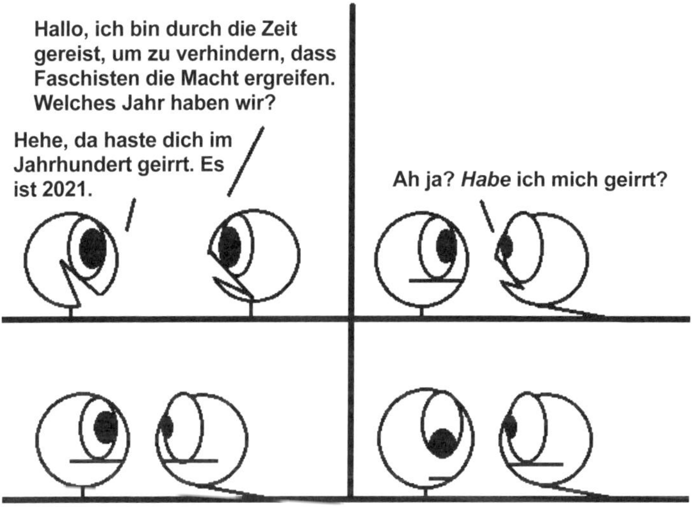
Hallo, ich bin durch die Zeit gereist, um zu verhindern, dass Faschisten die Macht ergreifen. Welches Jahr haben wir?
Hehe, da haste dich im Jahrhundert geirrt. Es ist 2021.
Ah ja? *Habe* ich mich geirrt?

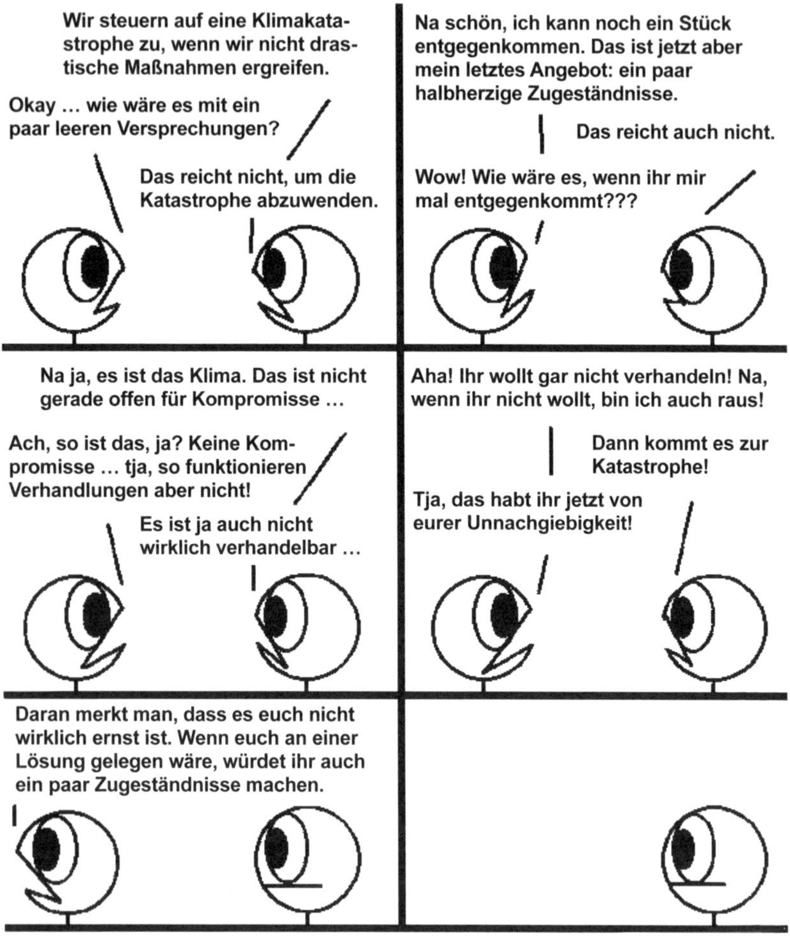
Wir steuern auf eine Klimakatastrophe zu, wenn wir nicht drastische Maßnahmen ergreifen.
Okay … wie wäre es mit ein paar leeren Versprechungen?
Das reicht nicht, um die Katastrophe abzuwenden.
Na schön, ich kann noch ein Stück entgegenkommen. Das ist jetzt aber mein letztes Angebot: ein paar halbherzige Zugeständnisse.
Das reicht auch nicht.
Wow! Wie wäre es, wenn ihr mir mal entgegenkommt???
Na ja, es ist das Klima. Das ist nicht gerade offen für Kompromisse …
Ach, so ist das, ja? Keine Kompromisse … tja, so funktionieren Verhandlungen aber nicht!
Es ist ja auch nicht wirklich verhandelbar …
Aha! Ihr wollt gar nicht verhandeln! Na, wenn ihr nicht wollt, bin ich auch raus!
Dann kommt es zur Katastrophe!
Tja, das habt ihr jetzt von eurer Unnachgiebigkeit!
Daran merkt man, dass es euch nicht wirklich ernst ist. Wenn euch an einer Lösung gelegen wäre, würdet ihr auch ein paar Zugeständnisse machen.

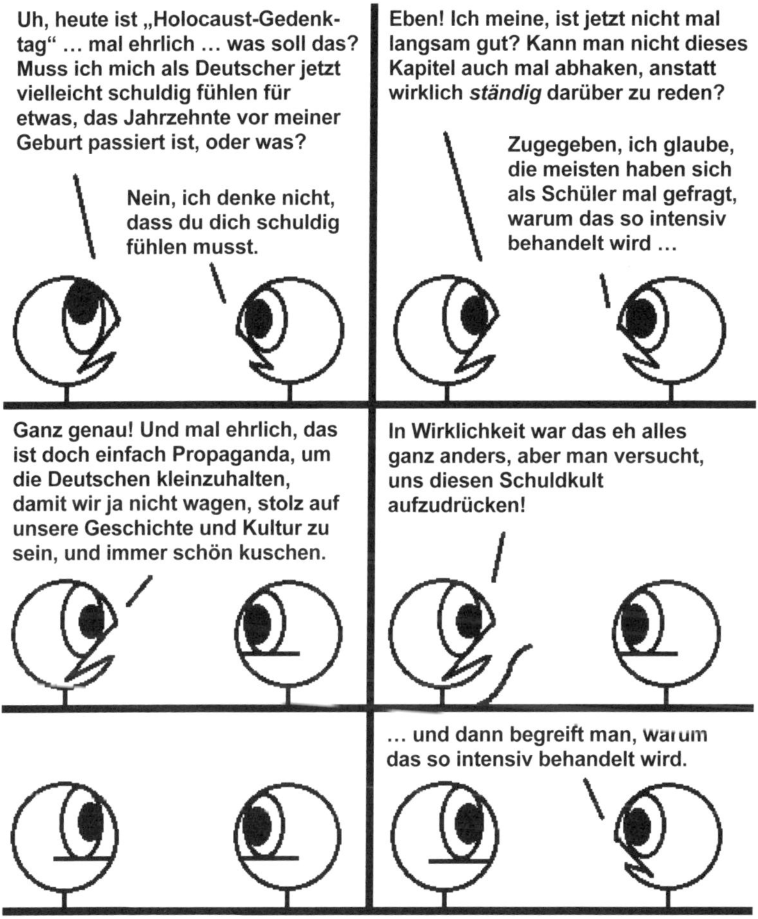
Uh, heute ist „Holocaust-Gedenktag“ … mal ehrlich … was soll das? Muss ich mich als Deutscher jetzt vielleicht schuldig fühlen für etwas, das Jahrzehnte vor meiner Geburt passiert ist, oder was?
Nein, ich denke nicht, dass du dich schuldig fühlen musst.
Eben! Ich meine, ist jetzt nicht mal langsam gut? Kann man nicht dieses Kapitel auch mal abhaken, anstatt wirklich *ständig* darüber zu reden?
Zugegeben, ich glaube, die meisten haben sich als Schüler mal gefragt, warum das so intensiv behandelt wird …
Ganz genau! Und mal ehrlich, das ist doch einfach Propaganda, um die Deutschen kleinzuhalten, damit wir ja nicht wagen, stolz auf unsere Geschichte und Kultur zu sein, und immer schön kuschen.
In Wirklichkeit war das eh alles ganz anders, aber man versucht, uns diesen Schuldkult aufzudrücken!
… und dann begreift man, warum das so intensiv behandelt wird.

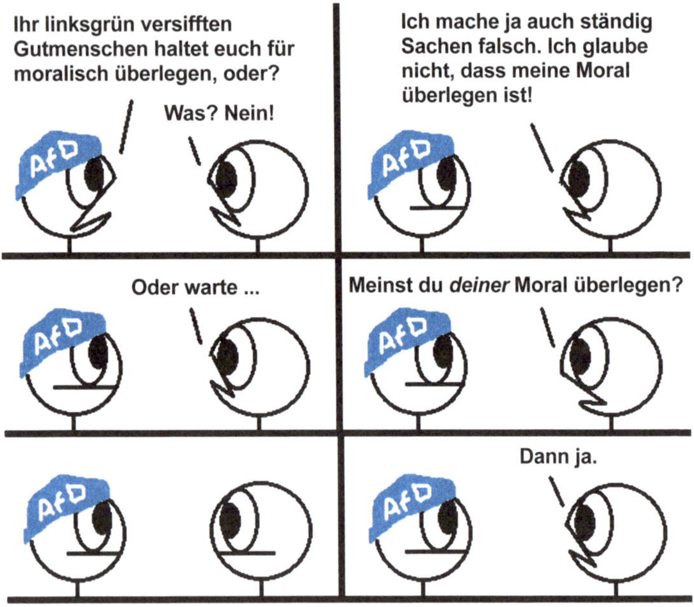
Ihr linksgrün versifften Gutmenschen haltet euch für moralisch überlegen, oder?
Was? Nein!
Ich mache ja auch ständig Sachen falsch. Ich glaube nicht, dass meine Moral überlegen ist!
Oder warte ...
Meinst du *deiner* Moral überlegen?
Dann ja.

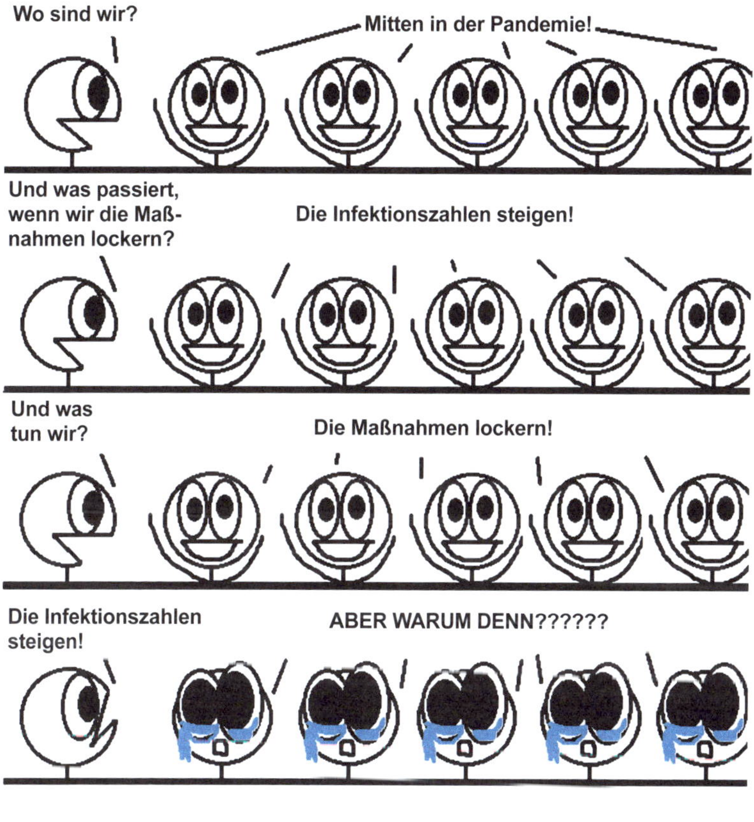

Wo sind wir?
Mitten in der Pandemie!
Und was passiert, wenn wir die Maß-nahmen lockern?
Die Infektionszahlen steigen!
Und was tun wir?
Die Maßnahmen lockern!
Die Infektionszahlen steigen!
ABER WARUM DENN??????

KAPITEL 5

GESELLSCHAFT

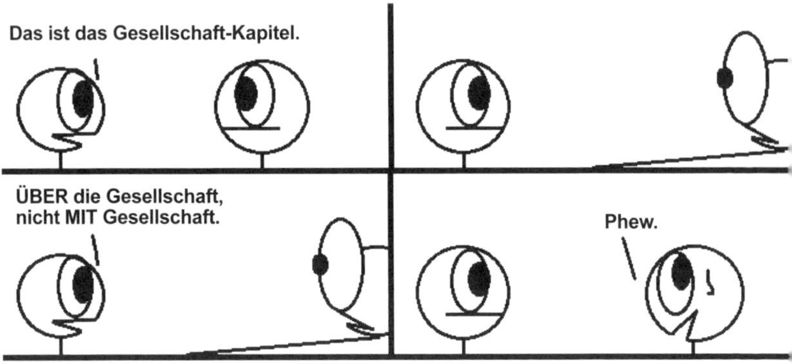

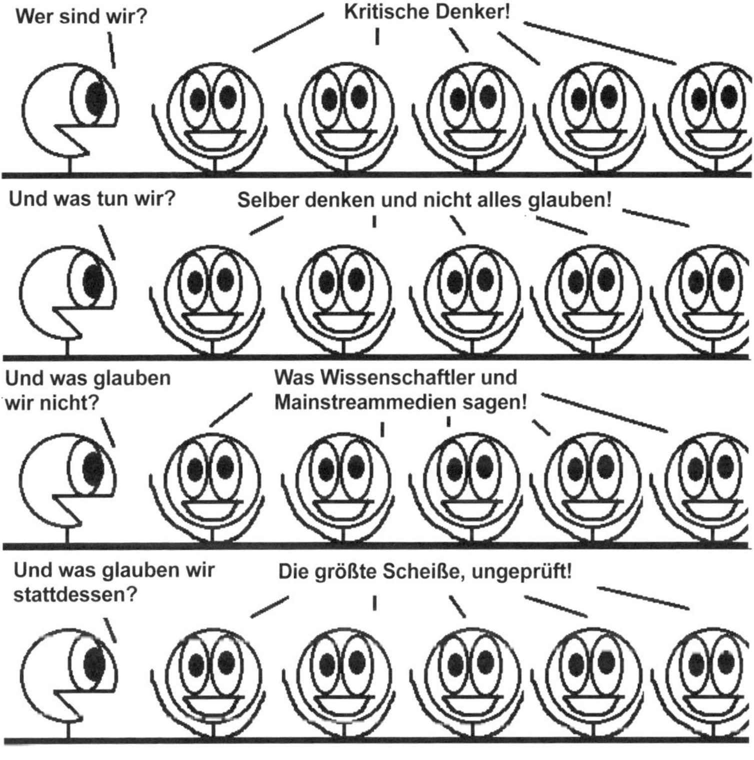
Wer sind wir?
Kritische Denker!
Und was tun wir?
Selber denken und nicht alles glauben!
Und was glauben wir nicht?
Was Wissenschaftler und Mainstreammedien sagen!
Und was glauben wir stattdessen?
Die größte Scheiße, ungeprüft!

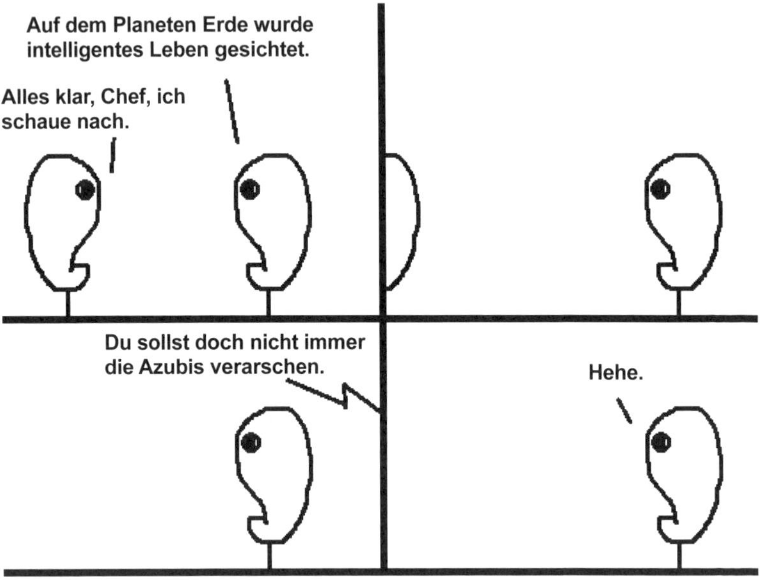
Auf dem Planeten Erde wurde intelligentes Leben gesichtet.
Alles klar, Chef, ich schaue nach.
Du sollst doch nicht immer die Azubis verarschen.
Hehe.

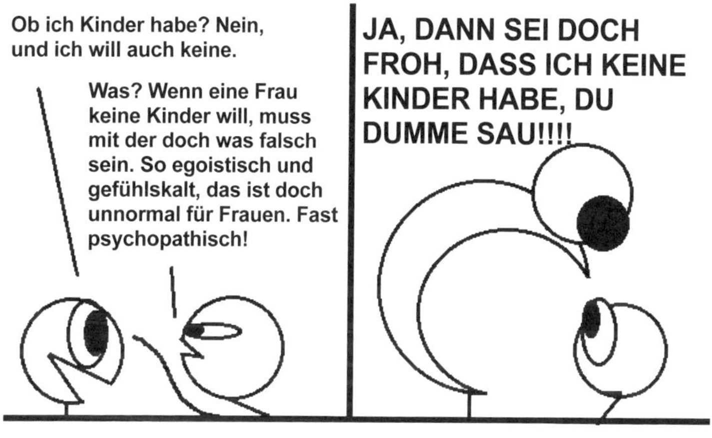
Ob ich Kinder habe? Nein, und ich will auch keine.
Was? Wenn eine Frau keine Kinder will, muss mit der doch was falsch sein. So egoistisch und gefühlskalt, das ist doch unnormal für Frauen. Fast psychopathisch!
JA, DANN SEI DOCH FROH, DASS ICH KEINE KINDER HABE, DU DUMME SAU!!!!

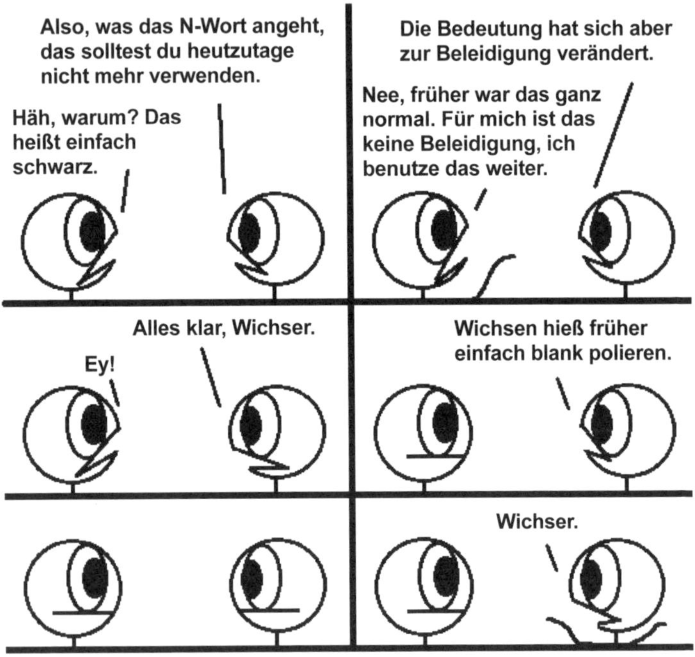

Also, was das N-Wort angeht, das solltest du heutzutage nicht mehr verwenden.
Häh, warum? Das heißt einfach schwarz.
Die Bedeutung hat sich aber zur Beleidigung verändert.
Nee, früher war das ganz normal. Für mich ist das keine Beleidigung, ich benutze das weiter.
Alles klar, Wichser.
Ey!
Wichsen hieß früher einfach blank polieren.
Wichser.

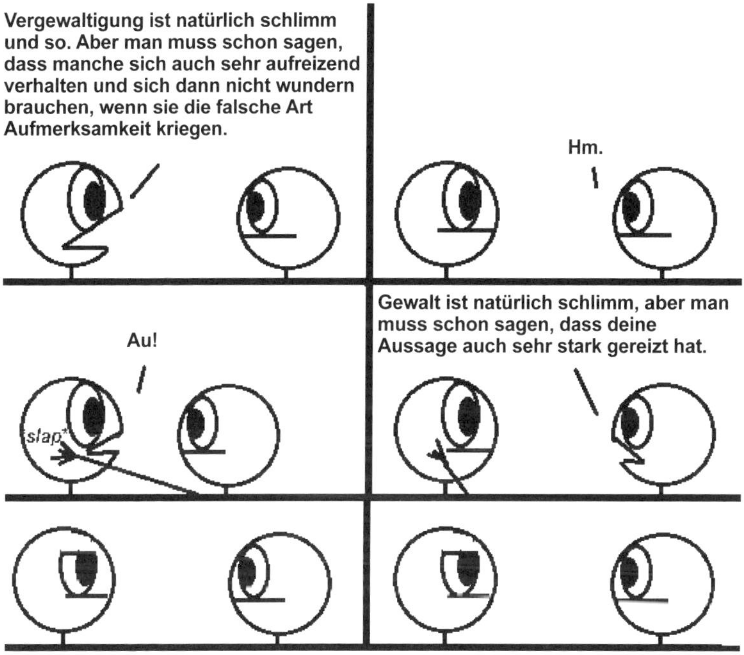
Vergewaltigung ist natürlich schlimm und so. Aber man muss schon sagen, dass manche sich auch sehr aufreizend verhalten und sich dann nicht wundern brauchen, wenn sie die falsche Art Aufmerksamkeit kriegen.
Hm.
Au!
slap
Gewalt ist natürlich schlimm, aber man muss schon sagen, dass deine Aussage auch sehr stark gereizt hat.

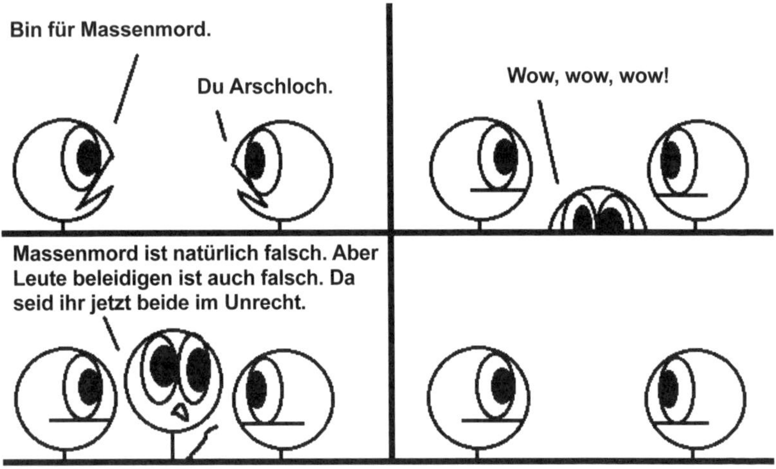
Bin für Massenmord.
Du Arschloch.
Wow, wow, wow!
Massenmord ist natürlich falsch. Aber Leute beleidigen ist auch falsch. Da seid ihr jetzt beide im Unrecht.

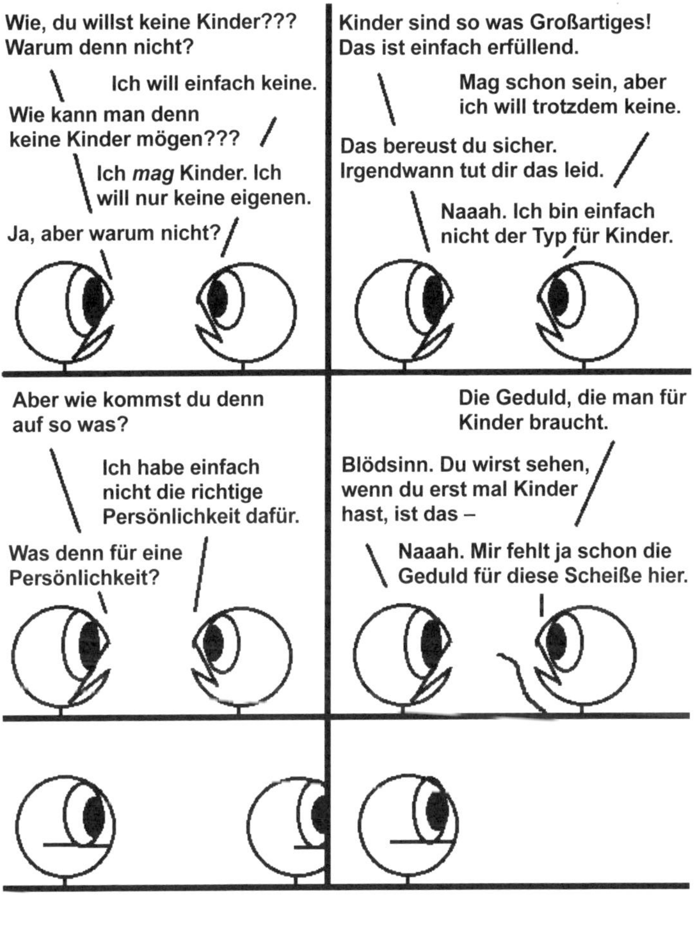
Wie, du willst keine Kinder??? Warum denn nicht?
Ich will einfach keine.
Wie kann man denn keine Kinder mögen???
Ich *mag* Kinder. Ich will nur keine eigenen.
Ja, aber warum nicht?
Kinder sind so was Großartiges! Das ist einfach erfüllend.
Mag schon sein, aber ich will trotzdem keine.
Das bereust du sicher. Irgendwann tut dir das leid.
Naaah. Ich bin einfach nicht der Typ für Kinder.
Aber wie kommst du denn auf so was?
Ich habe einfach nicht die richtige Persönlichkeit dafür.
Was denn für eine Persönlichkeit?
Die Geduld, die man für Kinder braucht.
Blödsinn. Du wirst sehen, wenn du erst mal Kinder hast, ist das –
Naaah. Mir fehlt ja schon die Geduld für diese Scheiße hier.

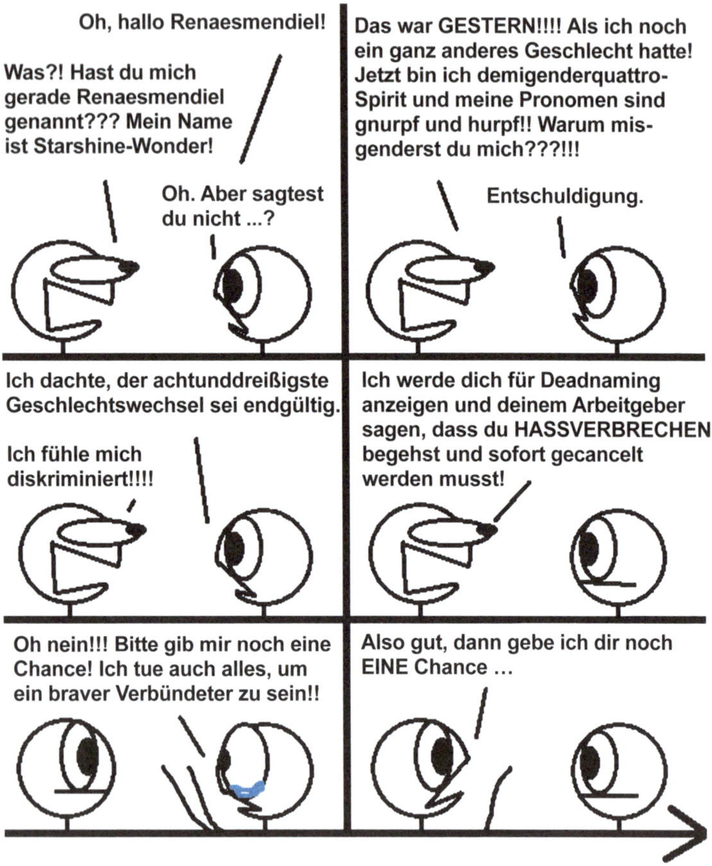
Oh, hallo Renaesmendiel!
Was?! Hast du mich gerade Renaesmendiel genannt??? Mein Name ist Starshine-Wonder!
Oh. Aber sagtest du nicht ...?
Das war GESTERN!!!! Als ich noch ein ganz anderes Geschlecht hatte! Jetzt bin ich demigenderquattro-Spirit und meine Pronomen sind gnurpf und hurpf!! Warum misgenderst du mich???!!!
Entschuldigung.
Ich dachte, der achtunddreißigste Geschlechtswechsel sei endgültig.
Ich fühle mich diskriminiert!!!!
Ich werde dich für Deadnaming anzeigen und deinem Arbeitgeber sagen, dass du HASSVERBRECHEN begehst und sofort gecancelt werden musst!
Oh nein!!! Bitte gib mir noch eine Chance! Ich tue auch alles, um ein braver Verbündeter zu sein!!
Also gut, dann gebe ich dir noch EINE Chance ...

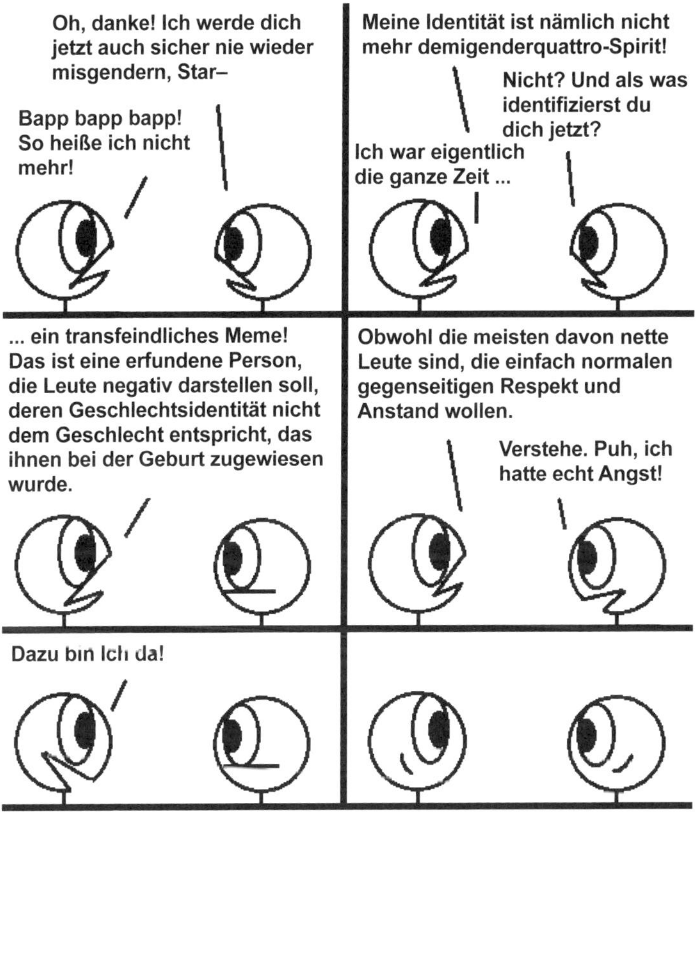
Oh, danke! Ich werde dich jetzt auch sicher nie wieder misgendern, Star–
Bapp bapp bapp! So heiße ich nicht mehr!
Meine Identität ist nämlich nicht mehr demigenderquattro-Spirit!
Nicht? Und als was identifizierst du dich jetzt?
Ich war eigentlich die ganze Zeit ...
... ein transfeindliches Meme! Das ist eine erfundene Person, die Leute negativ darstellen soll, deren Geschlechtsidentität nicht dem Geschlecht entspricht, das ihnen bei der Geburt zugewiesen wurde.
Obwohl die meisten davon nette Leute sind, die einfach normalen gegenseitigen Respekt und Anstand wollen.
Verstehe. Puh, ich hatte echt Angst!
Dazu bin Ich da!

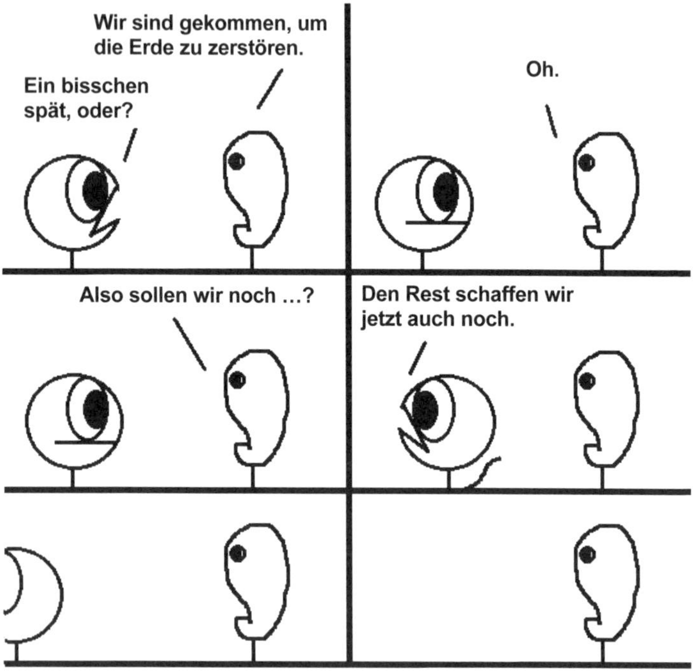
Wir sind gekommen, um die Erde zu zerstören.
Ein bisschen spät, oder?
Oh.
Also sollen wir noch …?
Den Rest schaffen wir jetzt auch noch.

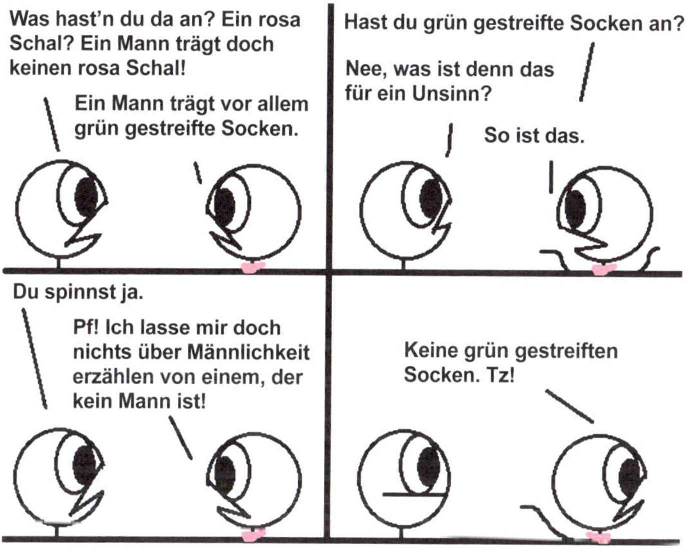
Was hast'n du da an? Ein rosa Schal? Ein Mann trägt doch keinen rosa Schal!
Ein Mann trägt vor allem grün gestreifte Socken.
Hast du grün gestreifte Socken an?
Nee, was ist denn das für ein Unsinn?
So ist das.
Du spinnst ja.
Pf! Ich lasse mir doch nichts über Männlichkeit erzählen von einem, der kein Mann ist!
Keine grün gestreiften Socken. Tz!

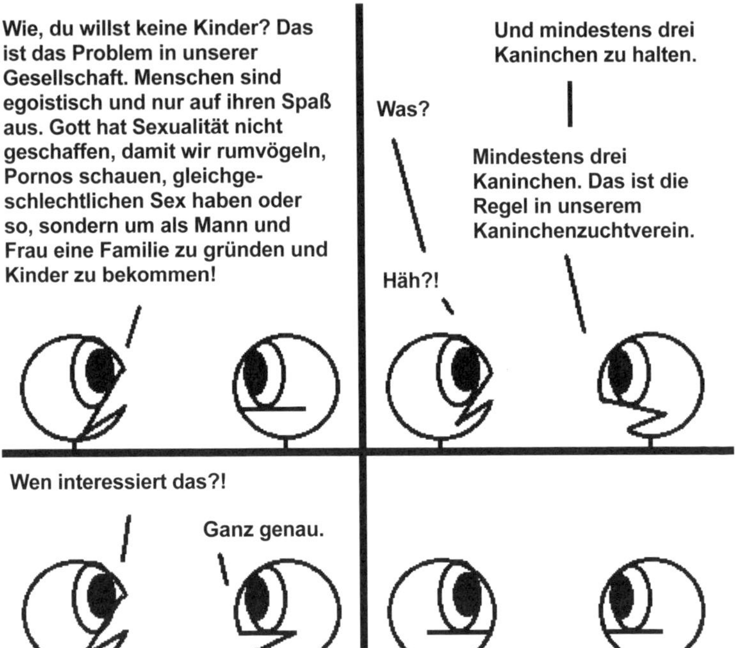

Wie, du willst keine Kinder? Das ist das Problem in unserer Gesellschaft. Menschen sind egoistisch und nur auf ihren Spaß aus. Gott hat Sexualität nicht geschaffen, damit wir rumvögeln, Pornos schauen, gleichgeschlechtlichen Sex haben oder so, sondern um als Mann und Frau eine Familie zu gründen und Kinder zu bekommen!
Was?
Und mindestens drei Kaninchen zu halten.
Mindestens drei Kaninchen. Das ist die Regel in unserem Kaninchenzuchtverein.
Häh?!
Wen interessiert das?!
Ganz genau.

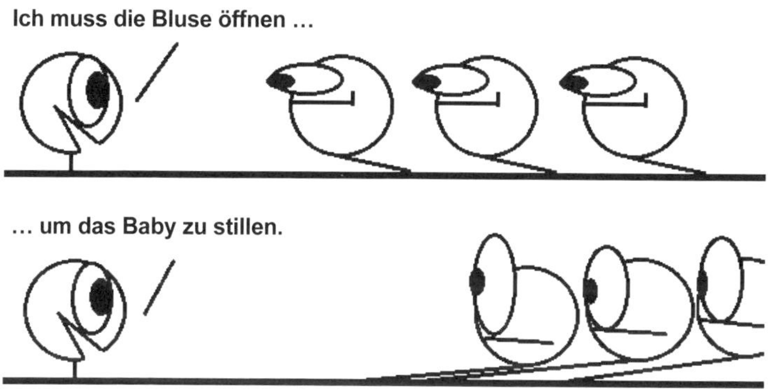
Ich muss die Bluse öffnen …
… um das Baby zu stillen.

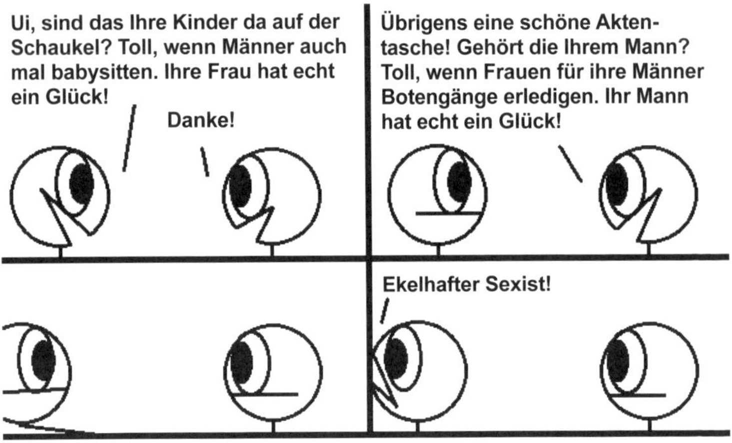
Ui, sind das Ihre Kinder da auf der Schaukel? Toll, wenn Männer auch mal babysitten. Ihre Frau hat echt ein Glück!
Danke!
Übrigens eine schöne Akten-tasche! Gehört die Ihrem Mann? Toll, wenn Frauen für ihre Männer Botengänge erledigen. Ihr Mann hat echt ein Glück!
Ekelhafter Sexist!

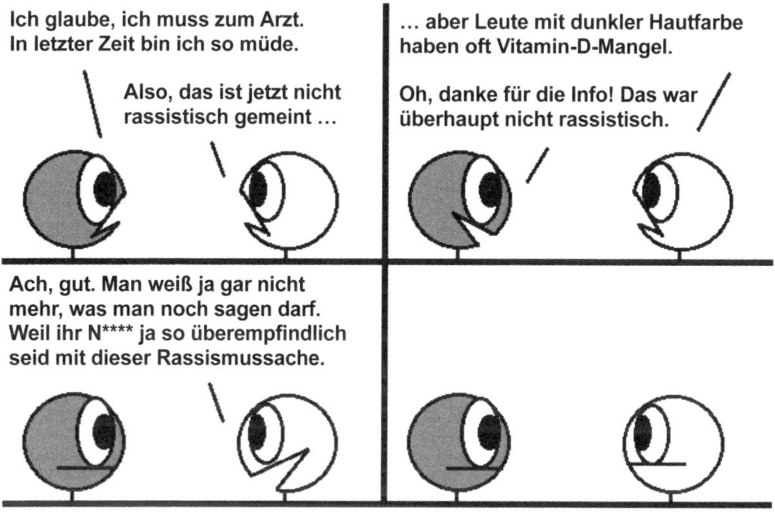
Ich glaube, ich muss zum Arzt.
In letzter Zeit bin ich so müde.
Also, das ist jetzt nicht
rassistisch gemeint …
… aber Leute mit dunkler Hautfarbe
haben oft Vitamin-D-Mangel.
Oh, danke für die Info! Das war
überhaupt nicht rassistisch.
Ach, gut. Man weiß ja gar nicht
mehr, was man noch sagen darf.
Weil ihr N**** ja so überempfindlich
seid mit dieser Rassismussache.

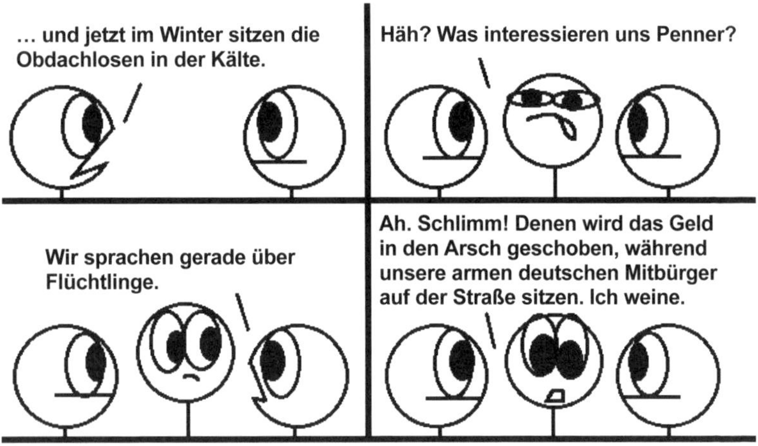
… und jetzt im Winter sitzen die Obdachlosen in der Kälte.
Häh? Was interessieren uns Penner?
Wir sprachen gerade über Flüchtlinge.
Ah. Schlimm! Denen wird das Geld in den Arsch geschoben, während unsere armen deutschen Mitbürger auf der Straße sitzen. Ich weine.

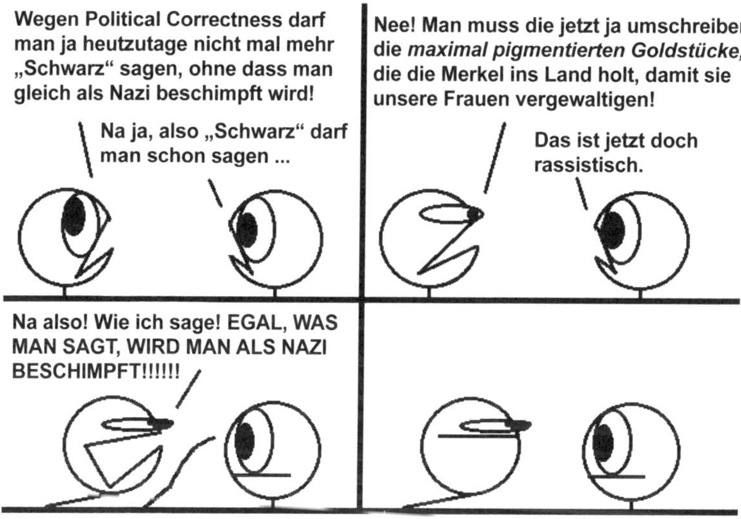
Wegen Political Correctness darf man ja heutzutage nicht mal mehr „Schwarz“ sagen, ohne dass man gleich als Nazi beschimpft wird!
Na ja, also „Schwarz“ darf man schon sagen ...
Nee! Man muss die jetzt ja umschreiben, die *maximal pigmentierten Goldstücke,* die die Merkel ins Land holt, damit sie unsere Frauen vergewaltigen!
Das ist jetzt doch rassistisch.
Na also! Wie ich sage! EGAL, WAS MAN SAGT, WIRD MAN ALS NAZI BESCHIMPFT!!!!!!

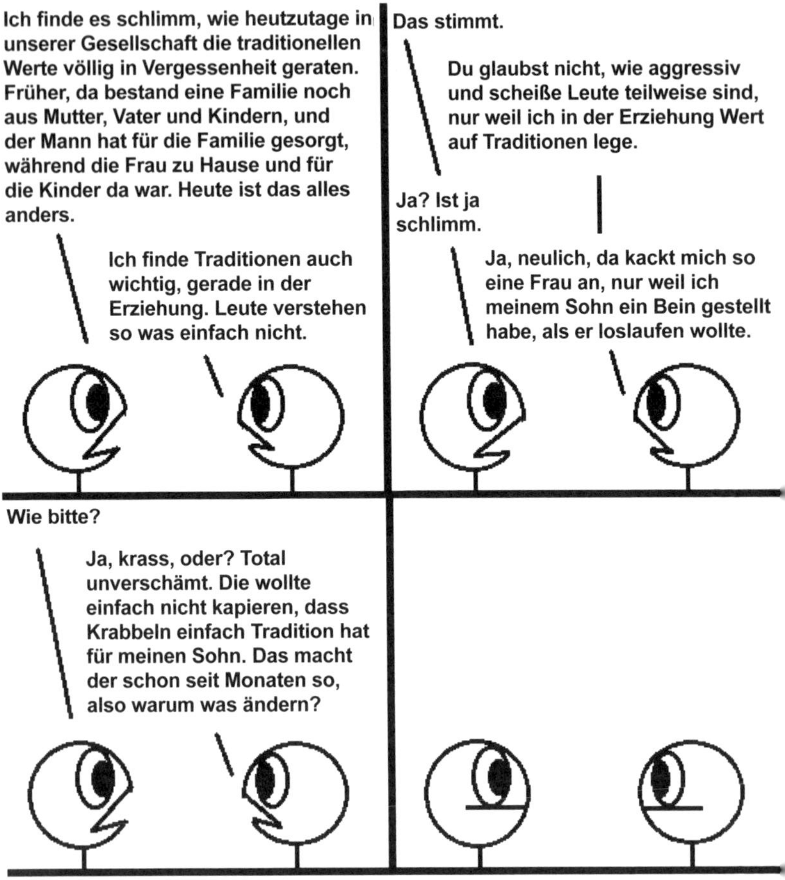
Ich finde es schlimm, wie heutzutage in unserer Gesellschaft die traditionellen Werte völlig in Vergessenheit geraten. Früher, da bestand eine Familie noch aus Mutter, Vater und Kindern, und der Mann hat für die Familie gesorgt, während die Frau zu Hause und für die Kinder da war. Heute ist das alles anders.
Ich finde Traditionen auch wichtig, gerade in der Erziehung. Leute verstehen so was einfach nicht.
Das stimmt.
Du glaubst nicht, wie aggressiv und scheiße Leute teilweise sind, nur weil ich in der Erziehung Wert auf Traditionen lege.
Ja? Ist ja schlimm.
Ja, neulich, da kackt mich so eine Frau an, nur weil ich meinem Sohn ein Bein gestellt habe, als er loslaufen wollte.
Wie bitte?
Ja, krass, oder? Total unverschämt. Die wollte einfach nicht kapieren, dass Krabbeln einfach Tradition hat für meinen Sohn. Das macht der schon seit Monaten so, also warum was ändern?

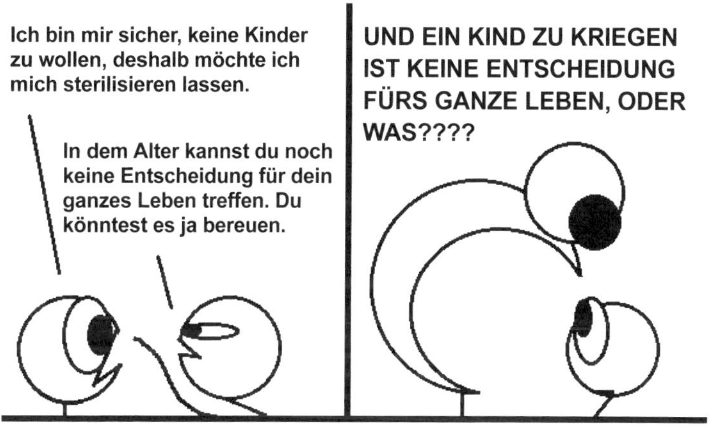
Ich bin mir sicher, keine Kinder zu wollen, deshalb möchte ich mich sterilisieren lassen.
In dem Alter kannst du noch keine Entscheidung für dein ganzes Leben treffen. Du könntest es ja bereuen.
UND EIN KIND ZU KRIEGEN IST KEINE ENTSCHEIDUNG FÜRS GANZE LEBEN, ODER WAS????

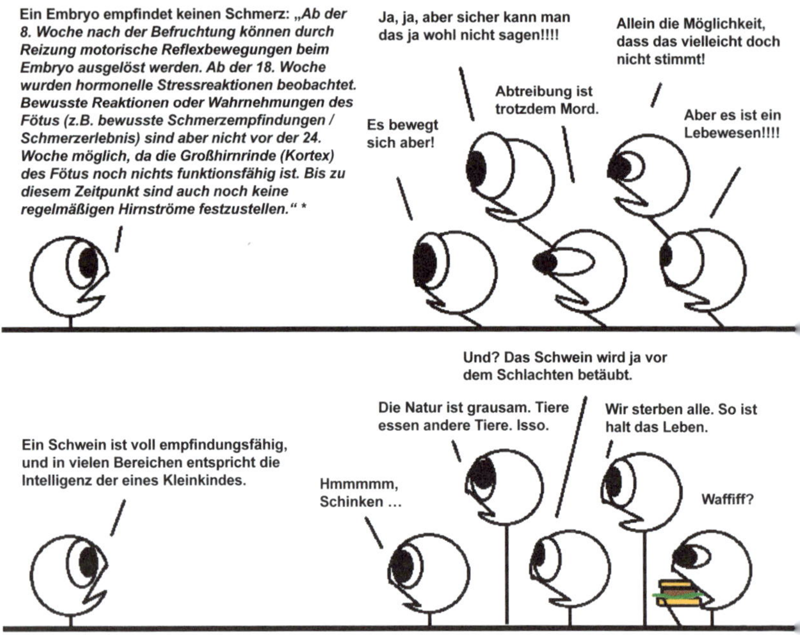
Ein Embryo empfindet keinen Schmerz: „Ab der 8. Woche nach der Befruchtung können durch Reizung motorische Reflexbewegungen beim Embryo ausgelöst werden. Ab der 18. Woche wurden hormonelle Stressreaktionen beobachtet. Bewusste Reaktionen oder Wahrnehmungen des Fötus (z.B. bewusste Schmerzempfindungen / Schmerzerlebnis) sind aber nicht vor der 24. Woche möglich, da die Großhirnrinde (Kortex) des Fötus noch nichts funktionsfähig ist. Bis zu diesem Zeitpunkt sind auch noch keine regelmäßigen Hirnströme festzustellen." *
Es bewegt sich aber!
Ja, ja, aber sicher kann man das ja wohl nicht sagen!!!!
Abtreibung ist trotzdem Mord.
Allein die Möglichkeit, dass das vielleicht doch nicht stimmt!
Aber es ist ein Lebewesen!!!!
Ein Schwein ist voll empfindungsfähig, und in vielen Bereichen entspricht die Intelligenz der eines Kleinkindes.
Hmmmmm, Schinken …
Die Natur ist grausam. Tiere essen andere Tiere. Isso.
Und? Das Schwein wird ja vor dem Schlachten betäubt.
Wir sterben alle. So ist halt das Leben.
Waffiff?

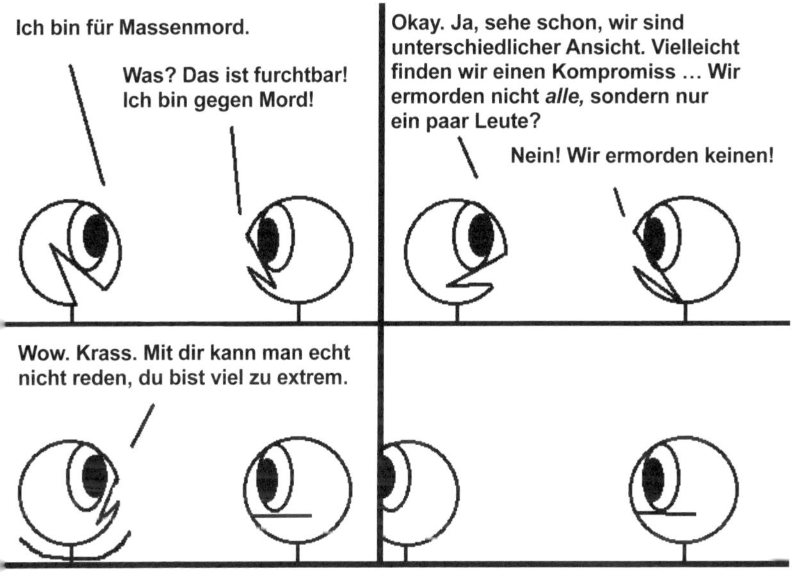
Ich bin für Massenmord.
Was? Das ist furchtbar! Ich bin gegen Mord!
Okay. Ja, sehe schon, wir sind unterschiedlicher Ansicht. Vielleicht finden wir einen Kompromiss … Wir ermorden nicht *alle,* sondern nur ein paar Leute?
Nein! Wir ermorden keinen!
Wow. Krass. Mit dir kann man echt nicht reden, du bist viel zu extrem.

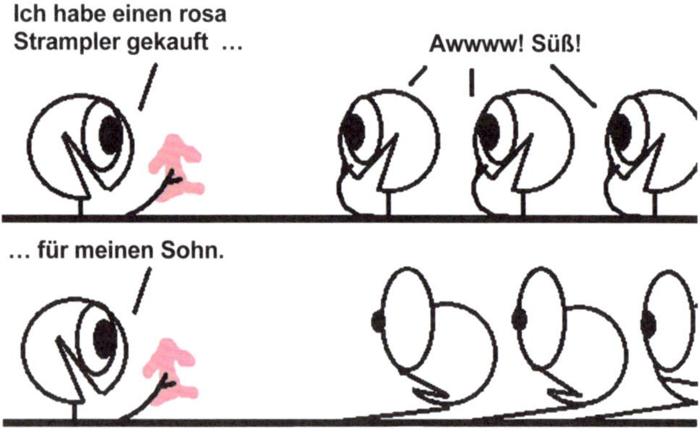
Ich habe einen rosa Strampler gekauft …
Awwww! Süß!
… für meinen Sohn.

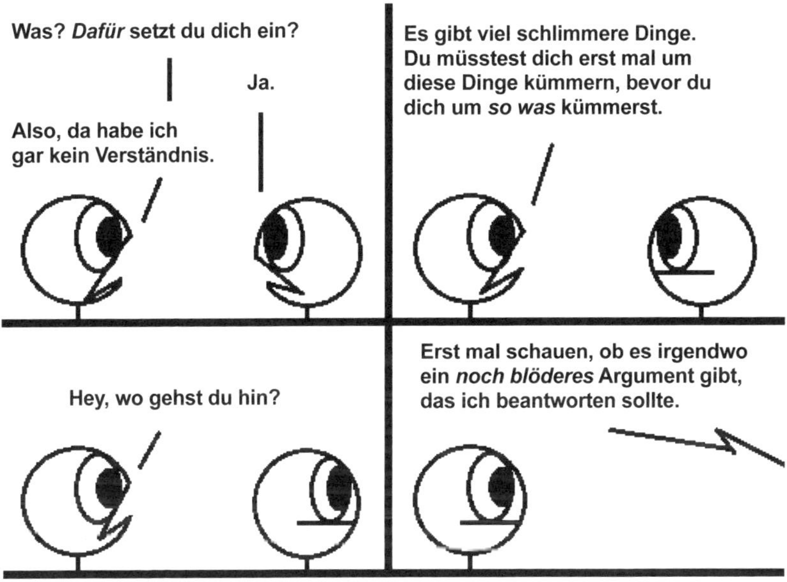
Was? *Dafür* setzt du dich ein?
Ja.
Also, da habe ich
gar kein Verständnis.
Es gibt viel schlimmere Dinge.
Du müsstest dich erst mal um
diese Dinge kümmern, bevor du
dich um *so was* kümmerst.
Hey, wo gehst du hin?
Erst mal schauen, ob es irgendwo
ein *noch blöderes* Argument gibt,
das ich beantworten sollte.

KAPITEL 6

BEZIEHUNGEN

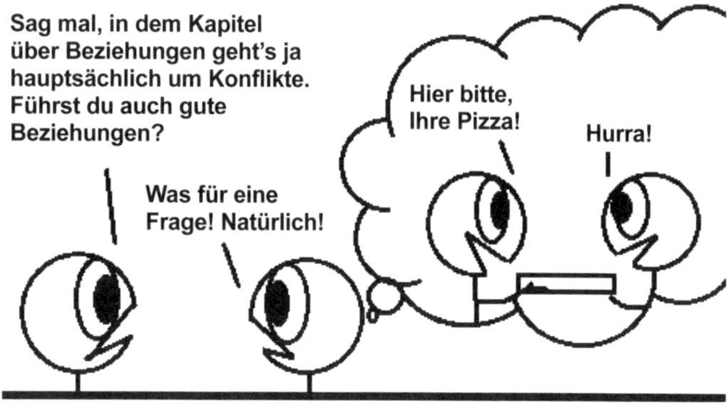

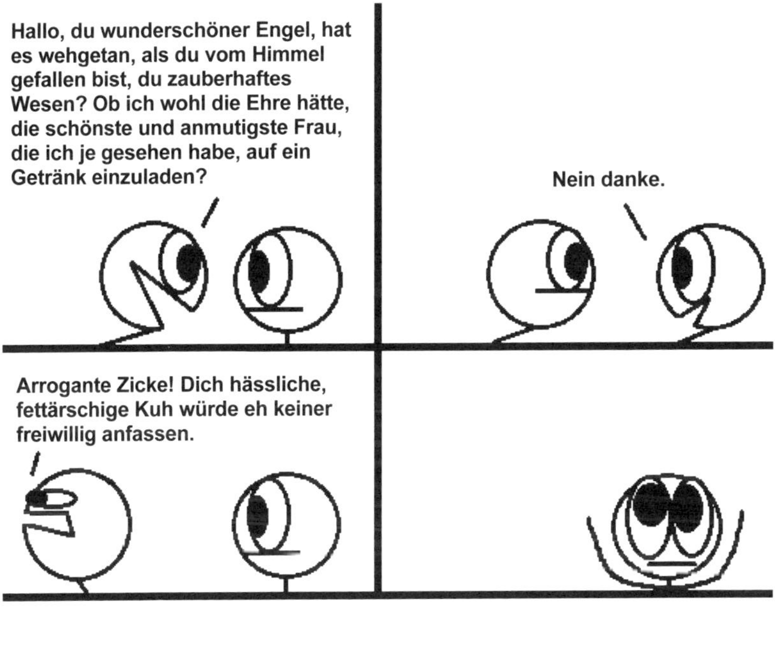
Hallo, du wunderschöner Engel, hat es wehgetan, als du vom Himmel gefallen bist, du zauberhaftes Wesen? Ob ich wohl die Ehre hätte, die schönste und anmutigste Frau, die ich je gesehen habe, auf ein Getränk einzuladen?
Nein danke.
Arrogante Zicke! Dich hässliche, fettärschige Kuh würde eh keiner freiwillig anfassen.

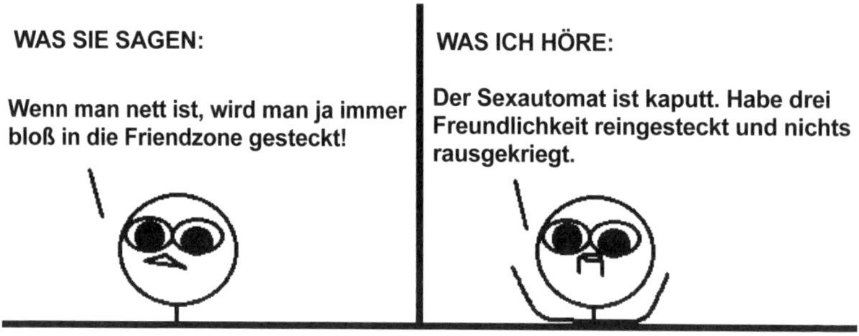
WAS SIE SAGEN:
Wenn man nett ist, wird man ja immer bloß in die Friendzone gesteckt!
WAS ICH HÖRE:
Der Sexautomat ist kaputt. Habe drei Freundlichkeit reingesteckt und nichts rausgekriegt.

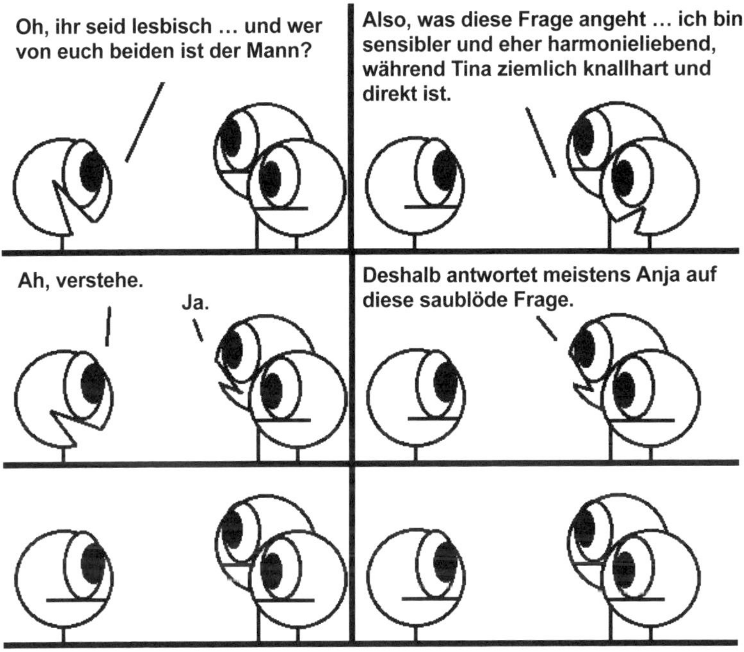
Oh, ihr seid lesbisch … und wer von euch beiden ist der Mann?
Also, was diese Frage angeht … ich bin sensibler und eher harmonieliebend, während Tina ziemlich knallhart und direkt ist.
Ah, verstehe.
Ja.
Deshalb antwortet meistens Anja auf diese saublöde Frage.

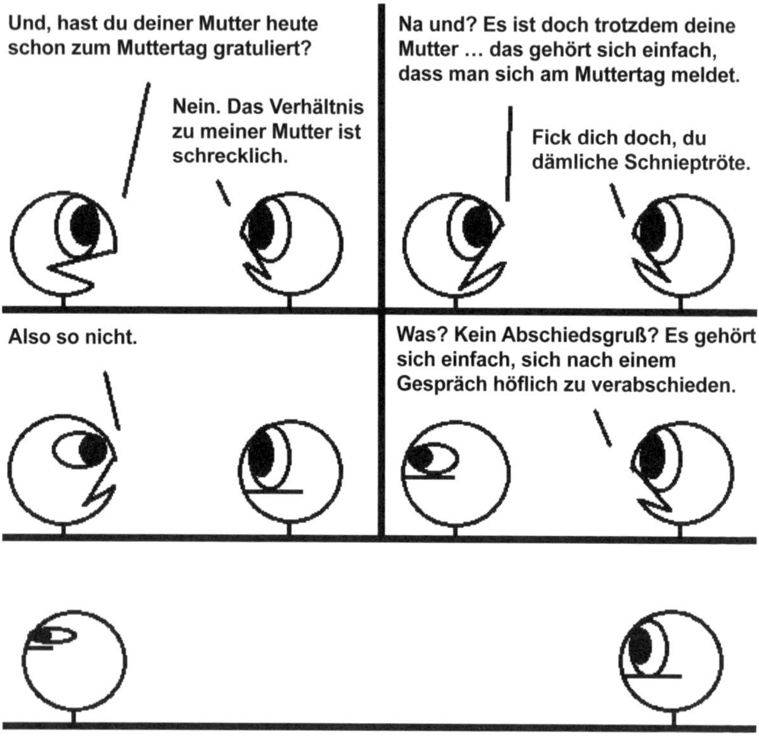
Und, hast du deiner Mutter heute schon zum Muttertag gratuliert?
Nein. Das Verhältnis zu meiner Mutter ist schrecklich.
Na und? Es ist doch trotzdem deine Mutter … das gehört sich einfach, dass man sich am Muttertag meldet.
Fick dich doch, du dämliche Schnieptröte.
Also so nicht.
Was? Kein Abschiedsgruß? Es gehört sich einfach, sich nach einem Gespräch höflich zu verabschieden.

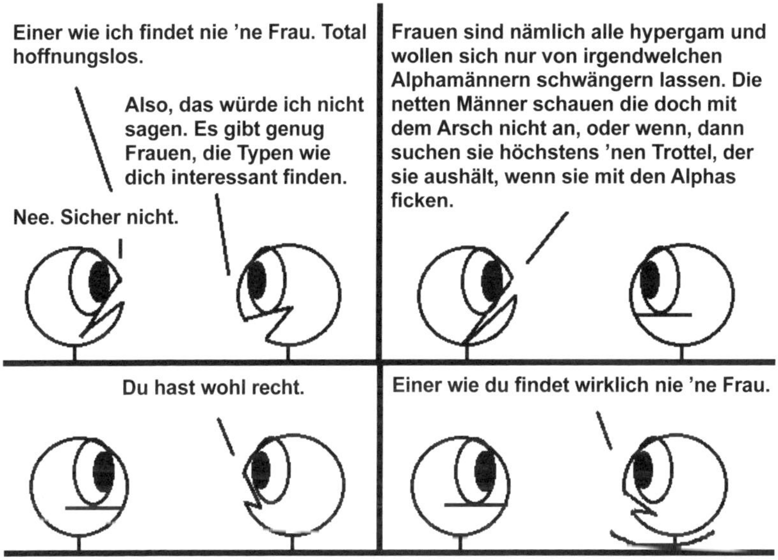
Einer wie ich findet nie ’ne Frau. Total hoffnungslos.
Also, das würde ich nicht sagen. Es gibt genug Frauen, die Typen wie dich interessant finden.
Nee. Sicher nicht.
Frauen sind nämlich alle hypergam und wollen sich nur von irgendwelchen Alphamännern schwängern lassen. Die netten Männer schauen die doch mit dem Arsch nicht an, oder wenn, dann suchen sie höchstens ’nen Trottel, der sie aushält, wenn sie mit den Alphas ficken.
Du hast wohl recht.
Einer wie du findet wirklich nie ’ne Frau.

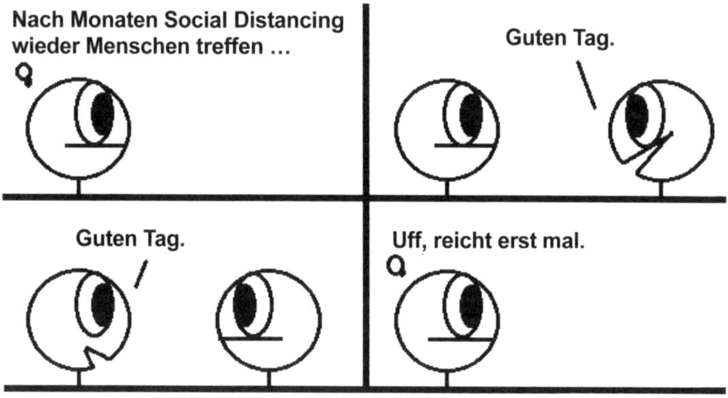
Nach Monaten Social Distancing
wieder Menschen treffen …
Guten Tag.
Guten Tag.
Uff, reicht erst mal.

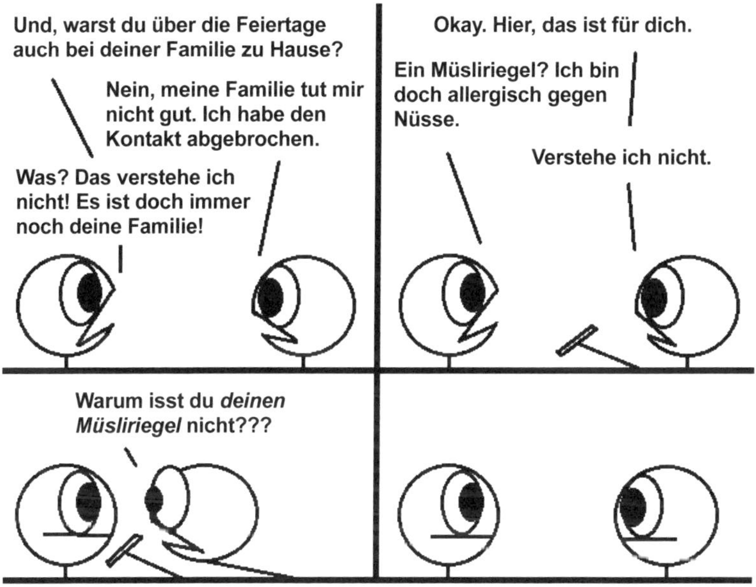
Und, warst du über die Feiertage auch bei deiner Familie zu Hause?
Nein, meine Familie tut mir nicht gut. Ich habe den Kontakt abgebrochen.
Was? Das verstehe ich nicht! Es ist doch immer noch deine Familie!
Okay. Hier, das ist für dich.
Ein Müsliriegel? Ich bin doch allergisch gegen Nüsse.
Verstehe ich nicht.
Warum isst du *deinen Müsliriegel* nicht???

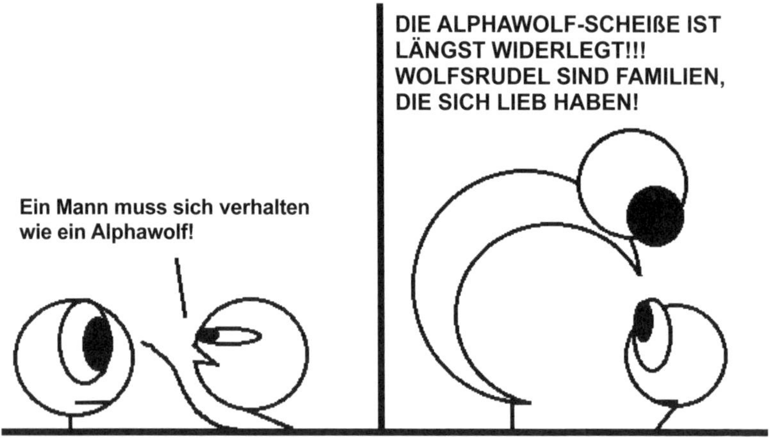
Ein Mann muss sich verhalten
wie ein Alphawolf!
DIE ALPHAWOLF-SCHEIßE IST
LÄNGST WIDERLEGT!!!
WOLFSRUDEL SIND FAMILIEN,
DIE SICH LIEB HABEN!

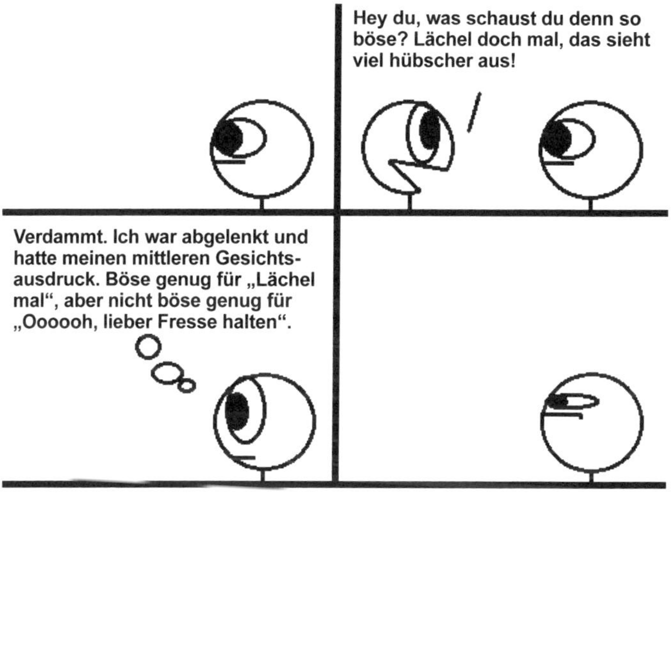
Hey du, was schaust du denn so böse? Lächel doch mal, das sieht viel hübscher aus!
Verdammt. Ich war abgelenkt und hatte meinen mittleren Gesichts-ausdruck. Böse genug für „Lächel mal“, aber nicht böse genug für „Oooooh, lieber Fresse halten“.

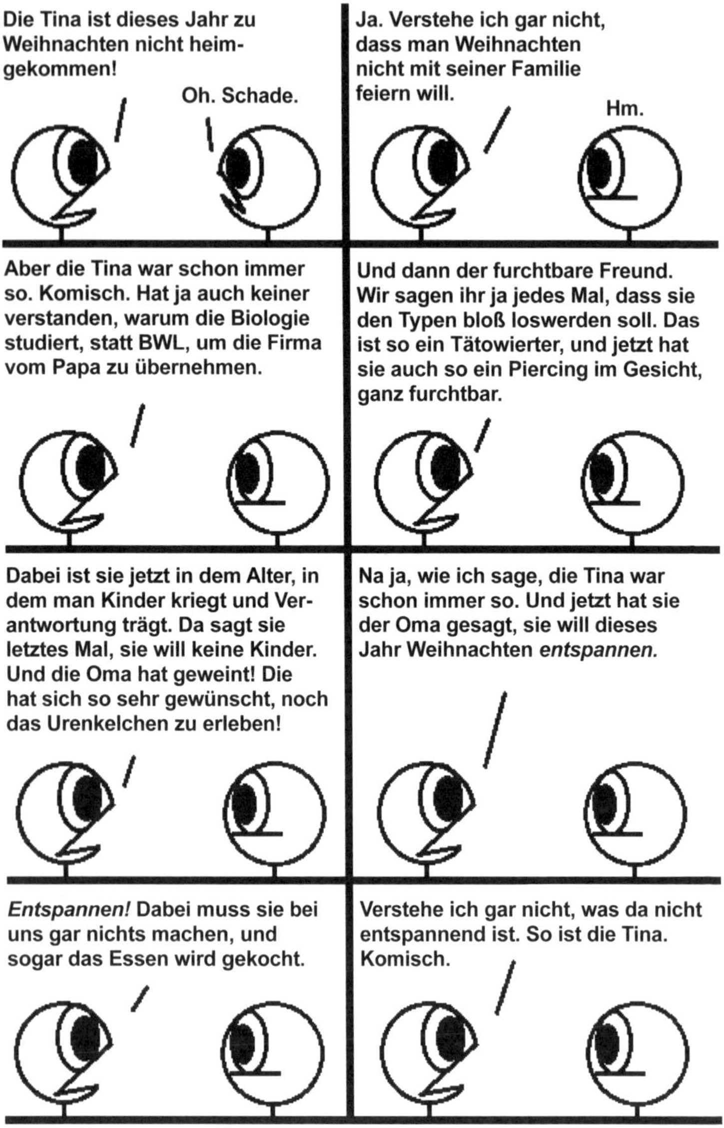
Die Tina ist dieses Jahr zu Weihnachten nicht heimgekommen!
Oh. Schade.
Ja. Verstehe ich gar nicht, dass man Weihnachten nicht mit seiner Familie feiern will.
Hm.
Aber die Tina war schon immer so. Komisch. Hat ja auch keiner verstanden, warum die Biologie studiert, statt BWL, um die Firma vom Papa zu übernehmen.
Und dann der furchtbare Freund. Wir sagen ihr ja jedes Mal, dass sie den Typen bloß loswerden soll. Das ist so ein Tätowierter, und jetzt hat sie auch so ein Piercing im Gesicht, ganz furchtbar.
Dabei ist sie jetzt in dem Alter, in dem man Kinder kriegt und Verantwortung trägt. Da sagt sie letztes Mal, sie will keine Kinder. Und die Oma hat geweint! Die hat sich so sehr gewünscht, noch das Urenkelchen zu erleben!
Na ja, wie ich sage, die Tina war schon immer so. Und jetzt hat sie der Oma gesagt, sie will dieses Jahr Weihnachten *entspannen.*
Entspannen! Dabei muss sie bei uns gar nichts machen, und sogar das Essen wird gekocht.
Verstehe ich gar nicht, was da nicht entspannend ist. So ist die Tina. Komisch.

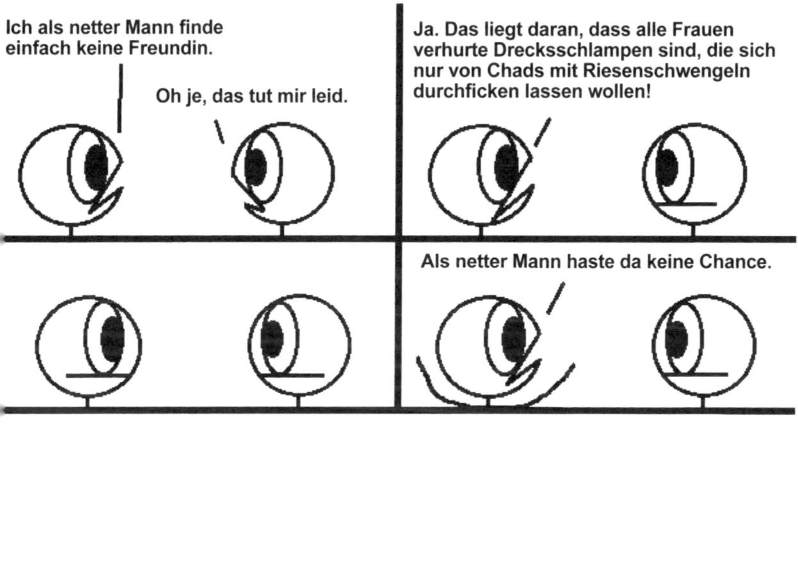

Ich als netter Mann finde einfach keine Freundin.
Oh je, das tut mir leid.
Ja. Das liegt daran, dass alle Frauen verhurte Drecksschlampen sind, die sich nur von Chads mit Riesenschwengeln durchficken lassen wollen!
Als netter Mann haste da keine Chance.

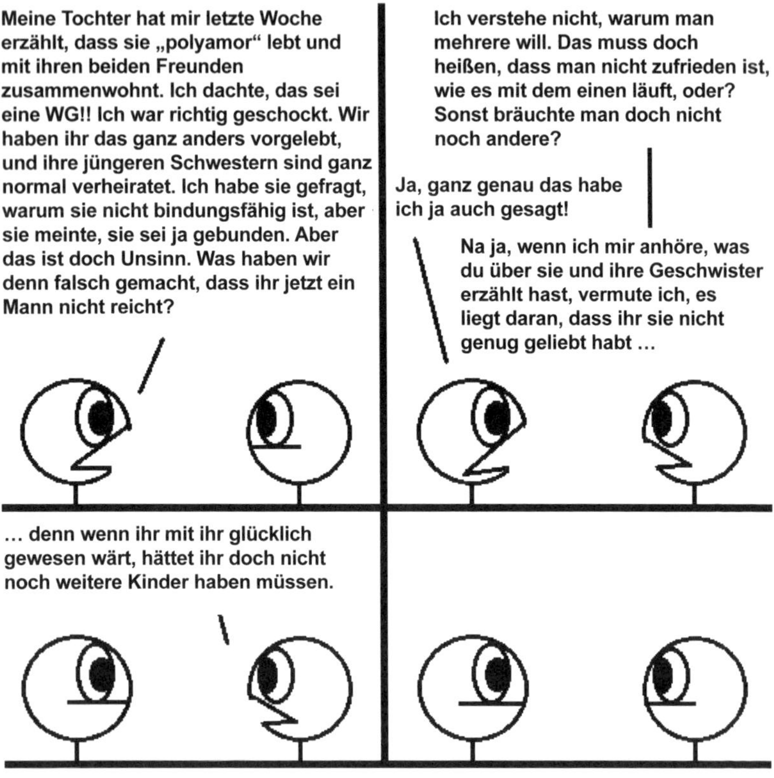
Meine Tochter hat mir letzte Woche erzählt, dass sie „polyamor“ lebt und mit ihren beiden Freunden zusammenwohnt. Ich dachte, das sei eine WG!! Ich war richtig geschockt. Wir haben ihr das ganz anders vorgelebt, und ihre jüngeren Schwestern sind ganz normal verheiratet. Ich habe sie gefragt, warum sie nicht bindungsfähig ist, aber sie meinte, sie sei ja gebunden. Aber das ist doch Unsinn. Was haben wir denn falsch gemacht, dass ihr jetzt ein Mann nicht reicht?
Ich verstehe nicht, warum man mehrere will. Das muss doch heißen, dass man nicht zufrieden ist, wie es mit dem einen läuft, oder? Sonst bräuchte man doch nicht noch andere?
Ja, ganz genau das habe ich ja auch gesagt!
Na ja, wenn ich mir anhöre, was du über sie und ihre Geschwister erzählt hast, vermute ich, es liegt daran, dass ihr sie nicht genug geliebt habt …
… denn wenn ihr mit ihr glücklich gewesen wärt, hättet ihr doch nicht noch weitere Kinder haben müssen.

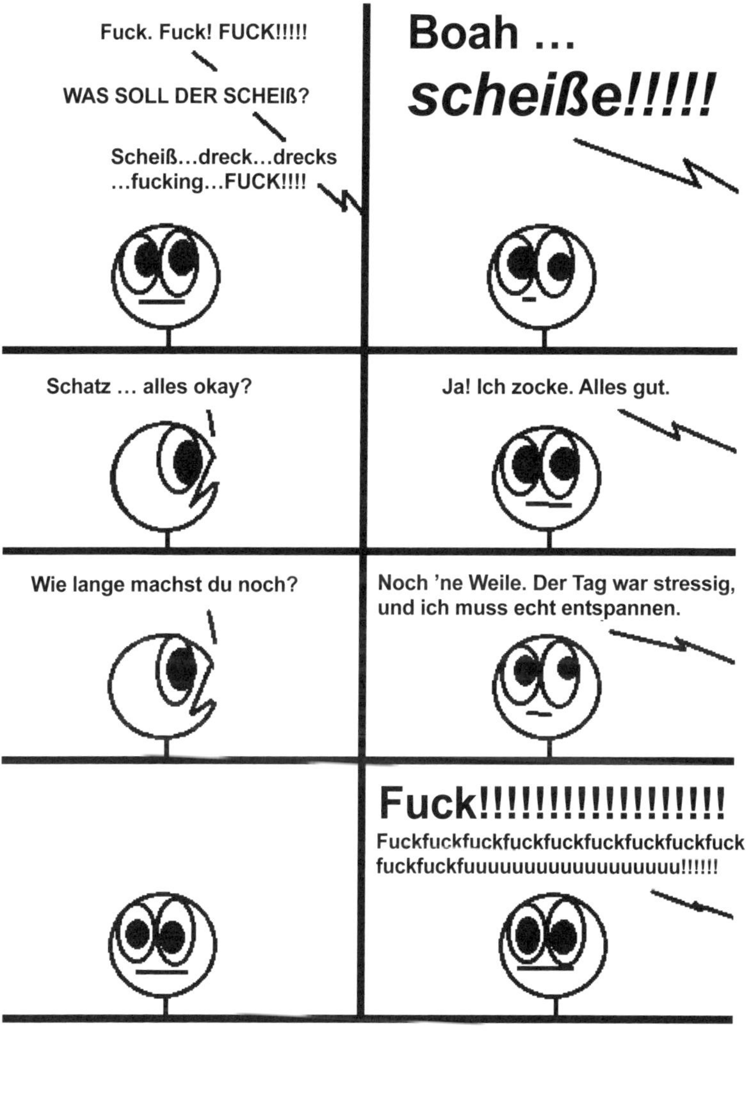
Fuck. Fuck! FUCK!!!!!
WAS SOLL DER SCHEIß?
Scheiß…dreck…drecks …fucking…FUCK!!!!
Boah …
scheiße!!!!!
Schatz … alles okay?
Ja! Ich zocke. Alles gut.
Wie lange machst du noch?
Noch ’ne Weile. Der Tag war stressig, und ich muss echt entspannen.
Fuck!!!!!!!!!!!!!!!!!!
Fuckfuckfuckfuckfuckfuckfuckfuckfuck fuckfuckfuuuuuuuuuuuuuuuuuu!!!!!!

Kapitel 7

KONKURRENZ

ÜBER DIE FEINDLICHE FREUNDSCHAFT VON @ERZAEHLMIRNIX UND @kriegundfreitag

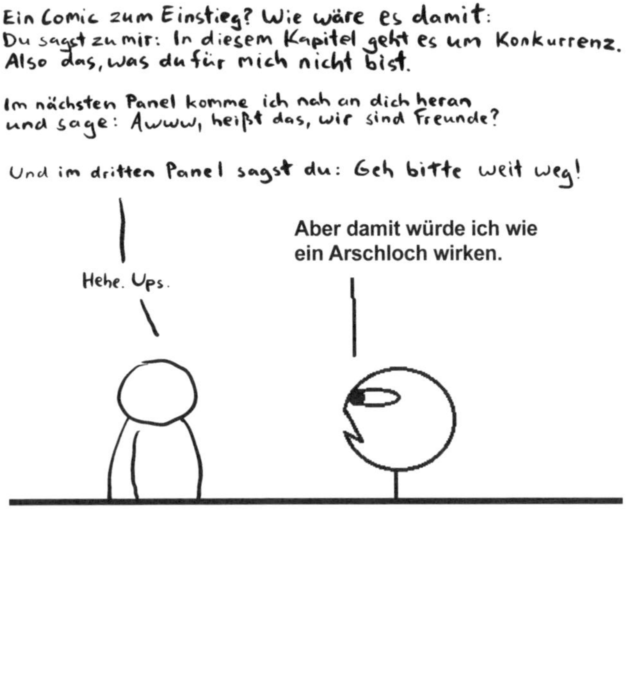

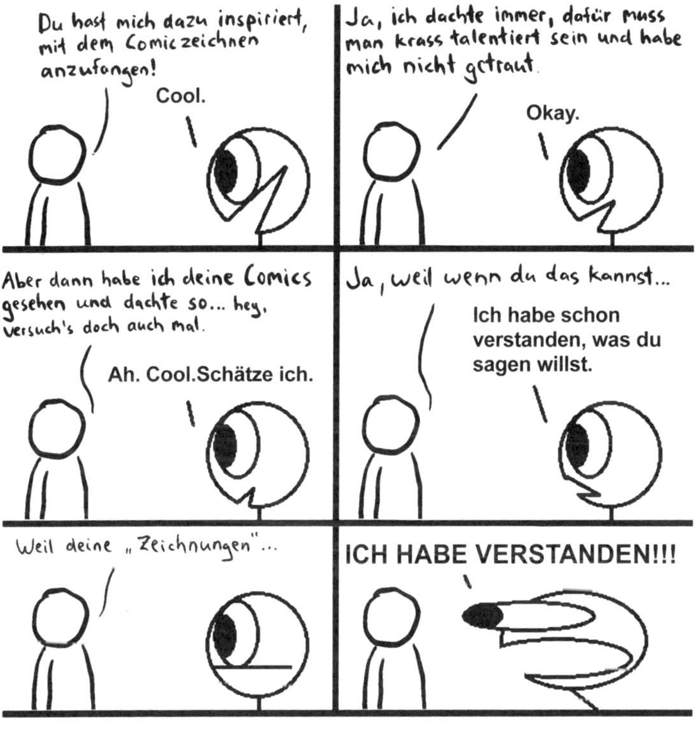

Du hast mich dazu inspiriert, mit dem Comiczeichnen anzufangen!
Cool.
Ja, ich dachte immer, dafür muss man krass talentiert sein und habe mich nicht getraut.
Okay.
Aber dann habe ich deine Comics gesehen und dachte so… hey, versuch's doch auch mal.
Ah. Cool.Schätze ich.
Ja, weil wenn du das kannst…
Ich habe schon verstanden, was du sagen willst.
Weil deine „Zeichnungen"…
ICH HABE VERSTANDEN!!!

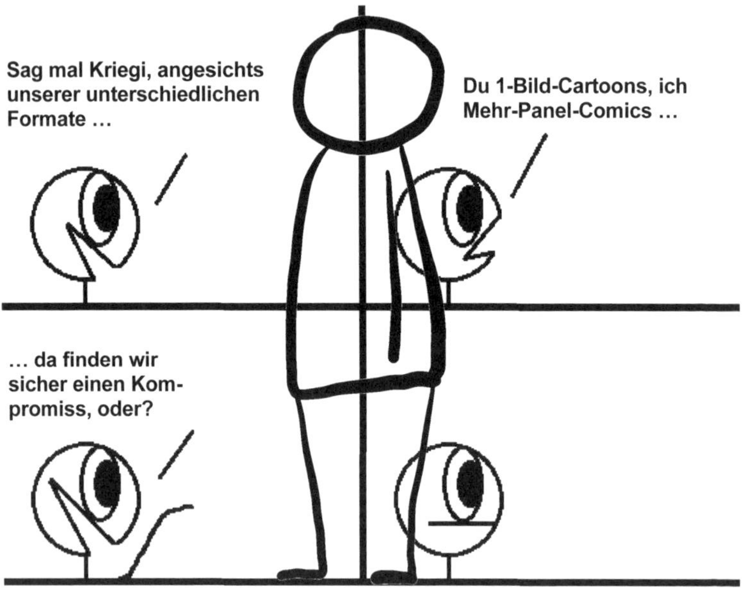
Sag mal Kriegi, angesichts unserer unterschiedlichen Formate …
Du 1-Bild-Cartoons, ich Mehr-Panel-Comics …
… da finden wir sicher einen Kompromiss, oder?

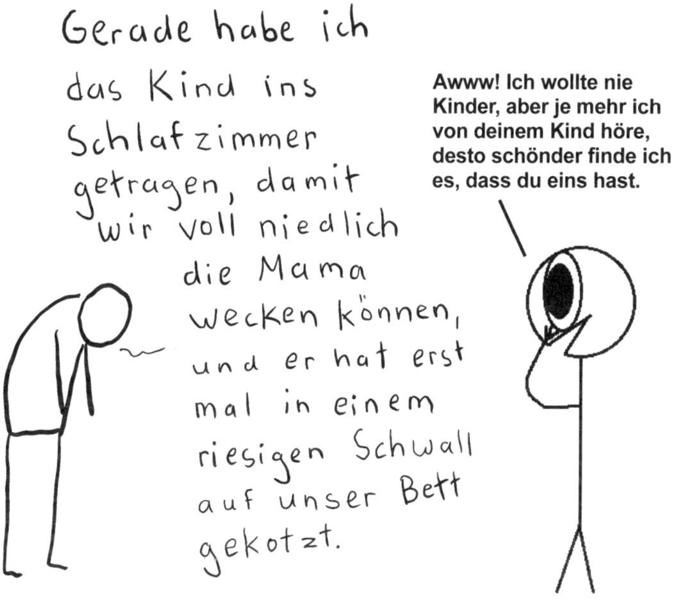
Gerade habe ich das Kind ins Schlafzimmer getragen, damit wir voll niedlich die Mama wecken können, und er hat erst mal in einem riesigen Schwall auf unser Bett gekotzt.
Awww! Ich wollte nie Kinder, aber je mehr ich von deinem Kind höre, desto schönder finde ich es, dass du eins hast.

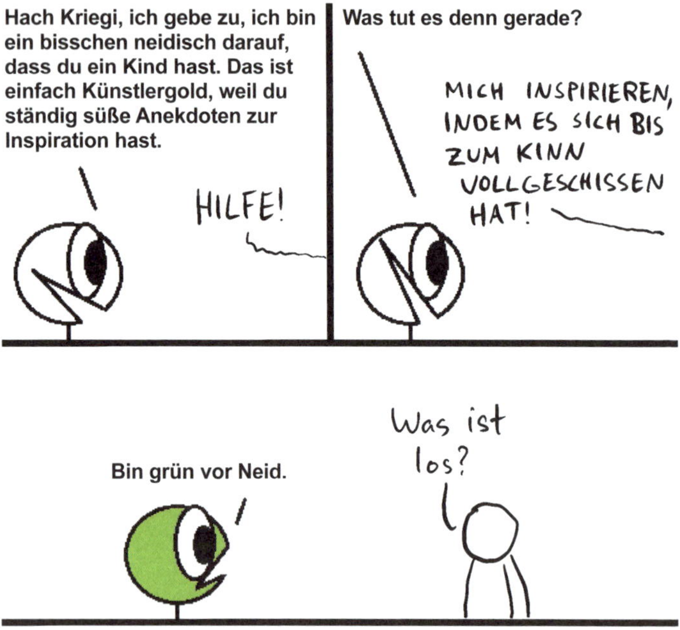
Hach Kriegi, ich gebe zu, ich bin ein bisschen neidisch darauf, dass du ein Kind hast. Das ist einfach Künstlergold, weil du ständig süße Anekdoten zur Inspiration hast.
HILFE!
Was tut es denn gerade?
MICH INSPIRIEREN, INDEM ES SICH BIS ZUM KINN VOLLGESCHISSEN HAT!
Bin grün vor Neid.
Was ist los?

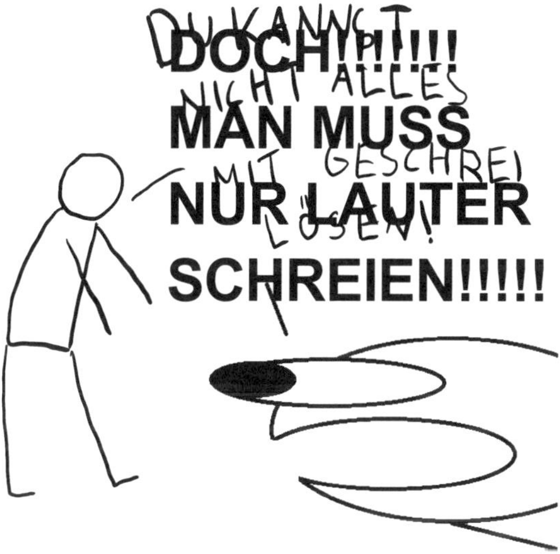
DU KANNST NICHT ALLES MIT GESCHREI LÖSEN!
DOCH!!!!!!!
MAN MUSS
NUR LAUTER
SCHREIEN!!!!!

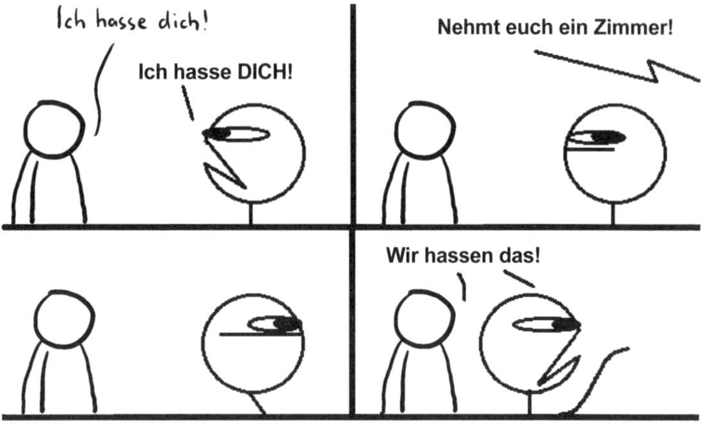
Ich hasse dich!
Ich hasse DICH!
Nehmt euch ein Zimmer!
Wir hassen das!